公務員1年目の教科書

堤 直規［著］

学陽書房

はじめに　「1年目からの努力」でスタートダッシュ！

「目の前の仕事に追われて、余裕がない」
「ミスが続いて、また先輩に叱られてしまった」
「担当業務には慣れたけれど、まだまだ自信が持てない」

公務員1年目は、覚えることがいっぱい。日々の業務に追われる一方、まだ将来は見えず、いろいろ悩みを抱えていると思います。私も、そうでした。

仕事のコツと言われるものは、わかってしまえば、ごく当たり前のことばかりです。しかし、1年目には、なかなかそれがわかりません。当たり前とされることは、先輩・上司にも聞くことがためらわれたりします。一方、基本的なことこそ、最初から正しく身につけておかないと、先々困ることになります。

この本では、多くの先輩たちが**「1年目からこのことがわかっていたら！」「1年目に教えてくれる人がいたら！」**と思っているアドバイスをまとめました。きっと、皆さんが困っていること、悩んでいることの解決に役立つと思います。

よく言われることですが、人の能力には大きな差はありません。少なくとも、公務員の仕事で特殊な能力を必要とするものは、ほとんどありません。それなのに、仕事の成果や成長に大きな差がつくのは、意欲と努力によるものです。なぜなら、仕事というのは「わかる」だけではできないものだからです。頭で「わかる」ことを、やってみて「できる」ようになる。それを継続・反復して「身につける」。年単位の努力によって、私たちは素人では真似ができない「プロ」になっていきます。

努力を始めるのは早いほうがよく、「1年目からの努力」に勝るものはありません。

20代のテーマは、急成長。急成長こそが、20代の特権です。「1年目からの努力」で、10年後のあなたを、今からつくっていってください。

そのために、この本は5部構成としています。Step1は、最初の1か月で絶対に身につけてほしい7つの習慣です。この習慣を身につけていれば、「今年の新人は……」といったことを言われることはありません。

Step2は、3か月目までに身につけたい仕事の鉄則です。この10の鉄則が身につけば、仕事で大きな失敗をすることはないでしょう。

Step3は、1年目のうちに身につけたい公務員の必修スキルです。この技術を身につければ、公務員としてしっかりした仕事ができるようになります。

Ｓｔｅｐ４・Ｓｔｅｐ５は、１年目から意識したい、今後ずっと役立つ心得です。公務員は、とかくぬるま湯に浸りがちで、後でひどい目に遭います。自分らしく働き、公私ともに充実して、信頼を得ていくために必要なことを盛り込みました。

公務員にとって、一番大事なものは信頼です。そのことは、この本で何回も触れていきます。信頼は、１つひとつの仕事をしっかりやることによってしか得られません。

公務員１年目は、長い公務員人生で最も吸収力に優れた瞬間です。「１年目からの努力」でスタートダッシュを！　そうすれば、後がずっとラクに楽しくなります！

本書で伝えたいこと

「１年目からの努力」に勝るものはない。公務員にとって最も大事な「信頼」を積み上げよう。

□ CONTENTS

STEP 2

3か月目までに覚えたい「仕事の鉄則10か条」

STEP 3 1年目に必ず磨きたい「公務員の必修スキル」

STEP 4 10年目までに自分のものとしたい「公務員プロの心得」

STEP 5

10年後からが楽しくなる「錆びない自分のつくり方」

STEP 1

最初の1か月で身につけたい「7つの習慣」

01

始業と同時に市民対応に備えよう

すべての人が市民及び関係者と心得る

▼ギリギリに出勤したらお客さんが待っていた！

公務員になって、最初の1か月で身につけてほしい習慣。

その1つ目は、**「始業時刻20分前までに出勤すること」**です。

国民健康保険税（国保税）の徴収担当をしていたときの話です。私の勤める市役所の始業時刻は8時半です。その日は、「朝イチで納税相談したい」という滞納者との約束がありました。ところが、家を出る間際の電話に手間取って、8時半ギリギリの出勤になってしまったのです。階段を駆け上がると、約束していた市民の方が座って待っていています。急いで資料を出して、納税相談に応じましたが、頭の中は真っ白。納税交渉はキレの悪いものとなってしまいました。

普通の接客業では、始業時刻と開店時刻は違うもの。しかし、同じ時刻なのが公務員の特徴です。このため、始業時刻の前から、窓口の準備、端末の立上げや、窓口開始前にいらした市民への対応等を行っている職員が必ずいます。

新人職員には、私は始業時刻20分前までに出勤することをすすめています。なぜなら、①早く職場に慣れることができる、②始業までに準備を整えられる、③自分のペースで仕事を始められる、④先輩たちと接する時間を持てる、というメリットがあるからです。残業が少なく仕事がデキる人の多くは、朝早く出勤しています。

▼場を明るくする挨拶は、公務員一生の武器

私が新人のとき、お世話になったO課長は、とても素敵な挨拶をされる方でした。誰にでも自分から大きな声で挨拶され、「おはよう」というその声で、職場がパッと明るくなるように感じられました。

当時私が配属されていた情報システム係は、どうしてもトラブルがあります。トラブル対応は気が重い仕事ですが、職場はとても明るく、相談しやすい雰囲気で、何事にも正面から立ち向かう職場風土がありました。

職場を明るい雰囲気にするのは挨拶の効用の1つ。見習いたいと強く思ったのをよ

く覚えています。あれから15年経ちますが、今でもO課長の明るい声が耳の奥に残っていて、私のお手本となっています。

挨拶という漢字は「心を開いて相手に近づく」という意味だそうです。どんなときでも、自分から挨拶する。他の職場に入るときも、職員以外のスタッフに対しても。できれば、名前で呼びかけて、一言添えて。「礼儀正しさは最強の武器」といわれることがありますが、公務員はさまざまな方を相手にする職業ですから、「場を明るくする挨拶は公務員一生の武器」です。

▼誰とでも分け隔てなく接する

F主任は、誰にでも分け隔てなく接し、廊下・エレベーター・階段等では市民の方を優先し、すれ違う際には会釈をし、知っている方には挨拶する。そういった配慮が当たり前にできる若手です。

その理由を聞いたのですが、新人のときに、当時の係長だったIさんから注意されたことがきっかけだったといいます。仕事で忙しかったため、配達に来た業者の方に対して顔も向けずに「そこに置いておいて」とぞんざいな応対をしたことがあったそうです。すると、自分以上に忙しかったI係長がにこやかに対応し、後で「あの人が市役所の応対は横柄だと周囲に語ったらどうする？　会う人すべてが市民及び関係者だと心得て、丁寧に応対しなければダメだ」とF主任を諭したそうです。

会釈・挨拶、市民優先の日頃の対応、そして、業者の方やお掃除のスタッフも含めて誰とでも分け隔てなく接すべきことは、ほとんどの職員が頭ではわかっていることだと思います。けれど、それをいつでも実践できているか、というと難しいのではないでしょうか。

「わかる」だけではダメ。「できる」だけでもダメ。**仕事で必要なことは、意識しなくてもできるように、習慣として「身につける」**ことが大切です。

民間とはココが違う

始業20分前には出勤し、市民優先の対応を身につける。すべての人が市民及び関係者と心得る。

02

まずは教わったとおりにやってみよう

創意工夫以前に「型」が大事

▼ある若手職員の声から

この本を書くにあたって、「1年目から知っていたらよかったことは何か」を新人職員を含む50人くらいの職員に聞いてみました。その中で、ある若手職員の意見にあったのが「まずは教わったとおりにやること」でした。

「言われたとおりにやるだけではなく、自分で考えることが必要だ」という意見が多い中、意外に思ったのですが、話を聞いてみて納得です。1年目の職員の仕事、特に最初のうちに与えられるものは、ごく基礎的なものばかり。新人が覚えるべきことは後にたくさん控えています。だから、まずは1つひとつを正確に覚えることを優先すべきだということに、後になって気づいたというのです。

指導する立場の先輩職員にとって、新人に教えるべきことは山ほどあります。しかも、新人には多くの研修があり、先輩職員も自分の仕事を抱えているため、教える時間は限られています。だからこそ、まずは教わったとおり正確にやってほしい。それが先輩職員の本音であることは、知っておくとよいでしょう。

別の職員も言っていました。「スポーツでも、最初は基本の練習から入りますよね。テニスでいえば、正しいフォームを身につけること。工夫するのはそれから」と。

▼「型」を知ってこその「型破り」

どんな仕事にも基本的な手順がありますが、公務員は「型どおり」の仕事をすることを民間以上に求められます。なぜなら、**公務員には、公平・公正を期すため、どの職員が対応しても同様の取扱いとなることが強く求められる**からです。

「型どおり」のやり方の中には、あまり合理的でないと感じられるものもあるかもしれません。けれど、その「型」は、長年の業務の中で培われてきたものです。その一連の手順の中に、ムリ・ムダ・ムラなく、ミスやクレームを防ぎ、共通認識のもとで相互連携して仕事を進める手立てが組み込まれています。そうした個々の作業や動きの意味を理解していくことが、初歩においては、とても重要なことです。

武道や茶道における修行の段階を示す言葉に「守破離」というものがあります。
「守」……師の教え、型を忠実に守り、真似をし、確実に身につけること
「破」……師の教え、型を守るだけでなく、自分の考えや工夫を試みること
「離」……師から離れ、独自の新しい型をつくり、確立すること

いずれ「破」「離」の段階に進むときが訪れますが、**まずは「守」に徹して「型」を正確に身につけること。**皆さんを指導する先輩職員は、「型どおり」にできるようになったかをチェックしています。チェックに合格すれば、その仕事を任されるようになり、次の仕事を教えてもらえるでしょう。どんどん「型」を身につけ、仕事を任されるようになってください。

民間とはココが違う

公務員の仕事は、公平・公正が大原則。まずは、「型」を確実に身につけよう。

03

とにかくメモ、質問するときもメモ

公務員は文書主義、用語の正確さが命

「伝言もちゃんとできないのか!」

仕事の勉強仲間から聞いたエピソードです。

不在の課長に電話が掛かってきて、近くにいた新人職員が電話を取りました。

「○○課長席です。××課の□□です。課長は席を外しています。」

「総務課長の△△だけど、問合せのあった件、棄却になったって伝えておいて」

「はい、わかりました」

そして、席に戻ってきた課長に口頭で伝言を伝えたのですが、そこで間違いが……。棄却ではなく、却下と伝えてしまったのです。門前払いともいわれる却下と、訴えの理由なしとして退ける棄却では、まったく取扱いが違います。後で総務課に確認した課長から、その新人は「伝言もちゃんとできないのか!」と叱られたそうです。

入所して間もないのですから、用語の意味がわからなかったのは致し方ない面もあります。けれど、**公務員の仕事は「文書主義」。**用語の正確さには、特に注意を払う必要があります。言葉の間違いが仕事のミスにつながるからです。

デキる職員の多くは、メモの取り方が上手です。正確に過不足なくメモを取りながら、自分が気づいたことなども書き足しています。メモ取りは、ポイントをつかむスキルを高めるトレーニングとしても役立ちます。また、指導する先輩職員も、指導内容が伝わっているか不安があるため、メモを取っている様子を見ると安心します。

▼メモを使って質問すれば、やりとりがグッとスムーズになる

メモには、もう1つ効用があります。先輩・上司に質問するときに、メモを使うとやりとりがグッとスムーズになるのです。

仕事に関する疑問などを上司・先輩に聞く際に、思いつくままにしゃべって質問する人を見かけたことはないでしょうか。損しているなあ、と思います。本人もよく理解できていない内容について質問するのですから、何がどうしてわからないのか、先輩・上司にはなかなか伝わりません。これは、実は「時間泥棒」として一番嫌われる

パターンの1つです。

質問することをメモに書き出し、それを見せながら質問するようにすれば、これらを防ぐことができます。これは以前、一緒に仕事をしたコンサルタントがやっていたのですが、**耳で言葉を聞くよりも目で文字を拾うほうが速い**のです。だから、たとえ話す内容が不十分であっても、何がわからないのかを理解でき、全体でいくつの、どんな疑問があるのかも見てとれるので、私も答えやすかったのを覚えています。以後、私も込み入った内容のときなどは、メモを使いながら質問するようにしています。

なお、説明を受けている途中で質問するのも、話の腰を折ることになります。説明を受けながら疑問に思ったことをメモしておけば、後で抜け漏れなく質問できます。

民間とはココが違う

公務員の仕事は、文書に始まり、文書に終わる。正確なメモ取りの技術を身につけ、質問にも活用する。

04

引継ぎに備えてマニュアルをつくろう

来年には違う業務の担当になる

▼公務員の仕事は、引継ぎをして終わるもの

担当業務を引き継ぐまでが仕事である。来年には違う業務の担当になる場合が多いため、業務を教えられた当初からマニュアルづくりをしておきましょう。

結論から書いてしまうとこういうことなのですが、あまり教えてもらえない仕事のポイントの1つです。

私自身、苦い経験があります。私は最初に配属された情報システム係を3年、次の国民健康保険係も3年で異動となりました。どちらも、私よりもずっと前から配属だった先輩・若手がいたため、もう1、2年は同じ部署にいるだろうと思っていました。そのため、業務に関するたくさんのメモはつくっていたものの、きちんとした引継書やマニュアルをまだ準備しておらず、不十分な引継ぎになってしまったのです。後任

の方には、きっといろいろ迷惑をかけただろうと申し訳なく思っています。

公務員の仕事は、前任者から引継ぎを受けてスタートし、後任者に引継ぎをして終わるものです。公式の文書は、引継ぎについては引継書、業務の進め方についてはマニュアルですから、引継ぎを受けたその日から、この2つの文書を更新していくことが必要です。さらに言えば、毎年異動がある中で、同じ係にあっても毎年担当業務は変わっていきます。**まったく異なる業務に担当替えとなることも普通にあるのが、公務員の特徴**であり、それに備えるスキルは公務員にとっては必須です。そのためには、業務のことは、自分個人のノートにきれいにまとめるだけでは不十分なのです。

▼いつ何を教わったかも記録しておく

私が4年目のときのことです。2年目の後輩のMさんから、業務について、「何をいつ教わったのか記録しておくと、後で自分が後輩に教えるときに役立ちます」という話を聞きました。どのような順序で、いつ何を教えられたのか。わかりにくかったり、つまずいたりした部分はどこか。これらを教えてもらったそのときに記録しておけば、確実です。さすがだなと感心して、私も見習うようにしました。

なお、業務によっては、きちんとしたマニュアルがない場合もあります。その場合には、教わったそばからどんどん書いてつくってしまいましょう。最初は箇条書きからでもいいのです。マニュアルに書く内容は、**①目的、②根拠、③手順、④注意点、⑤主なミスとリカバリーの方法等**です。よくある落とし穴は、③のみを書いてしまうこと。①・②がなければ、応用がきかずに後で困ることになります。また、④・⑤を知らなければ、トラブルに対応できません。まずは、①~③を押さえてまとめ、業務を行いながら④・⑤を書き足していくのが効率的です。

マニュアルづくりは、公務員の必須スキル。腕を磨くには、実践あるのみです。どんどん書いて、先輩に見てもらいましょう。

民間とはココが違う

公務員に異動・担当替えはつきもの。日々の業務は、逐一マニュアルに反映していこう。

05

「5分前の5分前」を心がけよう

役職の違いを常に強く意識する

▼会議の会場に行ったら、すでに参加者が待っていた！

突然ですが、クイズです。

業務の会議があります。あなたは何分前に会場に着いているべきでしょうか。模範解答は、あなたの役割によって変わります。正規の構成員ならば5分前、随員ならばその5分前です。会議を主催する事務局ならばそのまた5分前に会場のセッティングが終了していなければならないので、会場のセッティングに20分かかるとすれば、35分前には到着していたほうがよいでしょう。

わかってはいても、徹底するのはなかなか難しいものです。私もつい最近、失敗してしまいました。私たちが主催した近隣市との実務担当者会議で、課長である私が会場に着いたのは15分前。他のメンバーはさらに遅れていました。一方、会場の前には早く来て待っていた他市の職員の姿が……。結果、会場セッティングを他市の方々にも手伝っていただいてしまうことに。まずい例そのものです。

▼「5分前の5分前」

戦前の海軍将校の心得として、「5分前の5分前」というものがあるそうです。上官が定刻5分前に行くのならば、その5分前に行かなければならないという心得です。定刻の5分前という心がけは、多くの職員にあるでしょう。けれど、上位の参加者から逆算して、その5分前をめざすということは、知らない職員が少なくありません。

会議等の時間については、年々タイトになっています。民間でいわれる会議のコスト、つまり、「1人の遅れが、参加者全員の人件費や機会損失として組織全体に多大な損失を与える」という意識が、公務員にも強く求められるようになってきています。

しかし、それ以上に公務員的なこととして、担当者・係長・管理職という役職の違いは、口には出されなくとも、いつでも強く意識されているということがあります。実際、自分は「5分前に着いていれば十分だろう」と思っていても、上司は「自分と同じでは遅い。もう5分くらい早く着いているべきだ」と思っている場合があります。

会議そのものの効率性については、まだまだ課題がある公務員ですが、遅刻、つまり**開始時間に対する遅れについては、民間以上に非常に厳しい目が光っている**ことも覚えておいてください。

「5分前の5分前」は、組織全員の時間を大切にするという意識と行動につながっています。こうした配慮を欠くということは、他のメンバーの時間をおろそかに考えていると受け取られることにつながるのです。

「5分前の5分前」。そんなのは当たり前だと思うかもしれません。しかし、徹底していつもそのとおりに行動することは難しい。私自身の自戒も込めて、最初の1か月から特に気をつけて、「身につける」ことをおすすめします。

民間とはココが違う

役職の違いは、自分が思っている以上に強く意識されている。会議では、上位の参加者たちの5分前には到着する。

06

手帳を持ち、日誌をつけよう

仕事の確実性・スピードを上げる基本

▼あなたは「机上カレンダー派」？　それとも「手帳派」？

市役所で働くようになって、驚いたことがあります。多くの職員が、卓上カレンダーに予定を書いて、業務を「管理」していたのです。

そうした職員に聞いたところ、「卓上のカレンダーに書いているので、予定はわかっている」とのこと。手帳に書くのはプライベートの予定だけだという人もいました。「席に戻らなければ予定がわからないのは、困らない？」と聞くと、「そういう業務はないので大丈夫です」との答えでした。

確かに、市民課の窓口担当のように、始業時から終業時まで窓口応対を行うのが仕事という場合、スケジュール管理をする必要性はあまり感じられないかもしれません。けれども、たとえ窓口業務が中心で、打合せ等のアポイントは少なかったとしても、用紙の補充、打合せの準備、マニュアルの改善、上司への報告・連絡・相談等、日々の細かい仕事、つまりタスクがあるはずです。仕事の確実性とスピードは、このタスクをうまく処理できるかにかかっています。

会議・面談などのアポイントとともに、業務の個々のタスクを管理することは、多くの業務を効率的にこなせるようになるための必須スキルです。具体的には、**業務の一連の手順を分解して書き落とし、それぞれの優先度と所要時間等を勘案して、スケジュールに落とし込んでいく**ことに尽きます。

卓上カレンダーでは、予定はわかりますが、タスク管理はできません。やはり手帳（スマートフォンのアプリ等も含む）が基本ツールです。タスク管理はスキルですので、上達には実践あるのみ。初歩のうちから習慣づけることが上達の早道です。

抜け漏れの多い人、仕事に追われる毎日の人は、ぜひ手帳を持って、アポイントとタスクを管理することから始めてみてください。グッと仕事が効率的になるはずです。段取りの組み方はＳｔｅｐ２で、手帳の活用法はＳｔｅｐ３で詳しく説明します。

▼毎日の記録と振り返りが1年で大きな差となる

同じく市役所で働くようになって、驚いたことの1つに、業務日誌がないということがあります。もちろん、業務ごとの報告・復命はあるのですが、毎日・毎週の報告はありません。東京都主税局徴収部などでは、毎日の自分の業務内容について報告する仕組みがあるようですが、公務員全体の中では、未だにごく一部だと思われます。

しかし、やはりデキる若手は、日々の業務内容のメモを取っているものです。前述のいつどんな指導を受けたかの記録も、日誌をつけていればこそできるものです。

日誌をつけている若手職員に何に書いているのかを聞いてみると、①手帳、②ノート、③ワード・エクセルのファイル、④ダイアリーと形態はさまざまです。私は④ダイアリーで5年分を書ける携帯用のものを使っています。

日誌は何に記録してもOKです。ただし、**大事なことは振り返り**ですから、忙しい中でもパッと書け、すぐに読み返せるものが、やはり便利です。振り返れば、「Aの仕事はうまくいった」「Bはちょっと時間がかかりすぎた」「Cはここを直したらいい」ということがわかります。書くことにより、課題・教訓が記憶されやすくなり、後で見返すことでまた新たな発見があります。1日に1つ学んだとして、1年後には

200を超える、大きな学びの差となってきます。

▼個人情報と機密情報は、手帳や日誌には書かない

非常に役立つ手帳・日誌ですが、1つ注意があります。個人の手帳・日誌であっても、業務に関係があれば情報公開の対象となるということです。私の勤める市役所では、以前、実際に情報公開請求されたことがあるそうです。

このため、個人情報等の「職務上知り得た秘密」（地方公務員法第34条）は絶対に書かないでください。何らかの記録が必要な場合にも、記号等を使うなど、紛失・公開請求があった場合にも問題がないように備えましょう。

民間とはココが違う

日々の業務日誌を課す自治体はほとんどない。自ら手帳でのタスク管理、日誌で仕事を振り返る習慣を。

07

小さな積み重ねで信頼を築こう

ずっと続く人間関係を意識する

▼職場も地域も、とっても狭い世界

公務員の世界は非常に狭いことを、実感した出来事があります。入所2年目ぐらいのこと、職場の先輩と話していたら、私が車で旅行に行ったことなどをよく知っていました。また、同期の保育士と話していたら、私の職場での失敗談を詳しく知っていて、とても驚いたことがあります。

種を明かせば簡単ながら、同期の保育士と職場の先輩が親戚関係だったのです。同期が働く市立保育園は私の自宅の近所だったため、家にしばらく車がないということが保育士から先輩へ、職場での出来事が先輩から保育士へ伝わったようでした。職場の人間関係は縦横につながっていることを実感したことを覚えています。

地域に関しても、同じことがいえます。企画政策課で市制施行50周年記念事業の担

当として、地域の団体等へご協力の依頼に伺ったときのこと。初対面の方々から、「君のことはよく聞いているよ」「君が来るのを待っていたよ」と言われることが多かったのです。これも種を明かせば簡単、私は薬物乱用防止のボランティア活動をしたり、地域のイベントを手伝ったりしていたため、そこでお世話になった方々から、私のことを前々から伝え聞いていたということでした。

私が勤める小金井市は、4キロメートル四方の小さい市ですし、市職員も現在670人ほどですから、狭い世界だといえるでしょう。それでも、人口12万人弱のまちで、見知らぬ人が私のことを知っていて、協力するつもりで待っていてくださったのは、大変ありがたいことでした。しかし同時に、もし伝わっていたのが悪い評判だったら……と、怖さも感じたのです。

▼積み上げた「信頼残高」が財産になる

「信頼残高」とは、スティーブン・R・コヴィー著『7つの習慣』(キングベアー出版)にある言葉ですが、確かに信頼とは、日々の行動によって積み上げられる一方、たった1つの不誠実な行いであっという間に崩れ去るものだと思います。

公務員の人間関係は、狭い世界で退職までずっと続くものです。地域の方々も、ずっとそこに住んで生活し、事業を続けてきた方が大半です。しかも、まちは長い長い歴史を持っています。ずっと続く人間関係の中で、非常に長い時間をかけて「信頼残高」を積み上げ、それを引き継いでいくのが、公務員の特徴であると思っています。

▼「能力の高い人が評価される」という誤解

私は新卒ではなく、経験者採用で29歳のときに市役所に入りました。公務員になる前に働いていたIT業界は、移り変わりの速い世界でした。最も重視されるのは、何といっても能力です。しかし、公務員で、まず問われるのは、能力ではありません。

もちろん能力は大事ですが、**一定の能力があれば、それ以上に大事なのは信頼**です。信頼があれば、多くの人の協力を得て、大きな仕事・困難な仕事も確実に進めていくことができます。所詮、1人の才覚には限りがあり、公務員の場合、いかに多くの幅広い関係者の協力を得られるかが、仕事の成否を分けるからです。仕事をしていて、「君の頼みなら仕方がないな」ということでご協力いただいたことが、庁内でも、地域でも、何回もありました。

もちろん、私は欠点だらけの人間ですので、多くの方から万全の信頼を寄せていただいているわけではありません。私のことを嫌いな方も残念ながらいるでしょう。万人に好かれる必要もありません。けれど、たとえ自分のことを嫌いな相手からでも、「あいつは言ったことはやる」という信頼を得ることは、さまざまな方を相手にする公務員には欠かせないことです。

では、信頼を得るにはどうすべきか。少なくない市民の方が、いわゆる「お役所」として公務員に否定的なイメージを持っています。そういった方々の信頼を得るには、熱意と誠意と実績が大事です。1年目の皆さんは、実績はまだないでしょう。しかし、熱意と誠意はあるはずです。17時まででいいのです、熱意を燃やし続けてください。

民間とはココが違う

狭い世界でずっと続く人間関係。熱意・誠意・実績で信頼を築く。

［新人職員からのよくある質問①］

休暇の取り方

Question

休暇は年間、何日ぐらい取っていいのでしょうか？

Advice

休暇は、多くの自治体では有給休暇が年20日で、前年の残りを20日まで引き継いで合計40日まで、夏季休暇が5日等と条例で定められています。有休・夏休の他に、永続勤務休暇、生理休暇、出産育児休暇、子どもの看護休暇、介護休暇、病気休業等があります。制度上は、かなりの日数を休むことができます。

職場にはいろいろな人がいて、年20日近く休みを取って旅行等を楽しむ人から、忙しい職場でほとんど休暇を取れずに愚痴をこぼす人までいます。

そんな中で、私は「年に10日は有休を取れるようになろう」と言っています。多く感じるかもしれませんが、10日ぐらい自分がいなくても支障がないように仕事を回せることは必要です。

大事なのは、休暇の取り方です。ポイントは、①少なくとも前日に休暇伺いを出すこと、②業務に支障をきたさないスケジュール調整、③代わりに処理してもらうことを必ず伝えることの3つです。上司が気にしているのは、少なくとも有休・夏休の場合、業務に支障をきたさないか、フォローすべきことはあるかです。休暇の日数や理由ではありません。なお、①に関して、当日朝に電話で休みを取るのは、急病・看護・介護・冠婚葬祭等に限られると思ってください。

公務員は文書主義、休暇伺いも文書で事前申請が原則です。

STEP 2

3か月目までに覚えたい「仕事の鉄則10か条」

01

指示は過不足なく受ける

「丁寧すぎ病」に気をつけよう

▼曖昧すぎる指示の罠

「急がないというから、後回しにしたら、もう翌日には催促されたんです」

「ポイントだけまとめろというのでメモをつくったら、雑だと叱られました」

「他市を参考に自分なりに工夫したら、指示と違うと言うんです」

上司からの指示に従って仕事を進めていたつもりなのに、注意されて不本意だった。実務では、そういう思いをすることがあります。私も、幾度も経験しました。

管理職・係長職の研修では、「指示をするときは、5W2Hを明確にせよ」と教えられます。しかし、実際の指示は「○○をお願いね」といった曖昧なものばかり。特に公務員の場合、期限や要求水準が明確であるほうが少ないくらいかもしれません。

指示の曖昧さは指示する側の問題で、私も管理職として反省することしきりです。

しかし、やり直しをさせられて損をするのは指示を受ける側の場合がほとんどです。このため、指示を受けるときは、意識的に、期限や要求水準を確認することが、自分のために必要です。具体的には、**①いつまでに、②どのレベルで、③何を参考にすればよいかを、その場で聞いてしまう**のが一番です。

期限は、特に曖昧な場合が多いため、「では、○○日の○時でよろしいですか」と確認しましょう。日時を示して具体的に確認するのがコツです。参考資料については、「事務報告書から数字を拾えばいいから」といった指示・助言をもらうといいです。

▼「丁寧すぎ病」に要注意!

真面目な人が多い公務員の世界では特に注意すべきなのが、私が「丁寧すぎ病」と呼んでいる症状です。

「打合せの資料をつくれって指示したら、えらい時間がかかっているんだ。それで見てみたら、去年の資料から写せば済む数字を、一生懸命調べて計算しているんだよ。まいったよな」とは、ある管理職の言葉です。

「だったら最初から教えてあげればいいのに」と思いますが、指示した上司が求めているレベル以上に丁寧な仕事をして時間をかけてしまうケースはよくあります。

基本的に、仕事は求められた以上のことをする必要はありません。②どのレベルで、③何を参考にやればいいかを確認していれば、「丁寧すぎ病」に陥らずに済みます。資料の作成であれば、すぐに資料の構成イメージを書いて確認を取ることです。過不足があれば、上司は「○○は不要だ」「○○をここに入れてくれ」等と具体的に指示をするでしょう。具体的に確認するのがコツです。

なお、確認したレベル以上のものとする必要があると思ったときは、もう一度改めて上司に相談し、了承を得てから進めましょう。作業後に「不要だ」と言われたり、「ついでに○○も頼む」と指示されて二度手間になったりすることを避けるためです。

新人公務員は要注意

真面目な人ほど、「丁寧すぎ病」に陥りがち。仕事は期限、要求水準等を確認し、指示に忠実に。

02

必ず根拠と目的を押さえる

「型」「前例」だけで仕事はできない

▼「前例どおり」の落とし穴

Step1では、仕事について「まずは教わったとおりにやろう」と述べました。しかし、それはあくまでも基本。**前例どおりではダメな場合も、もちろんあります。**

公務員1年目、私は情報システム係で庶務も担当していました。契約締結依頼を管財課に提出すると、「堤さん、これでは受けられないよ」と契約担当のYさんから一言。以前からそのシステム機器の契約は「一者随意契約」（随契）で行われており、その理由書も前の伝票どおりに書き写しました。しかし、契約手続きの見直しがされており、以前の理由では一者随契は難しくなっていたのです。

日々の作業をこなすことに精一杯で、作業手順にばかり目が行っていたのを反省しました。まず契約事務規則やマニュアルに照らして、「一者随契はどのような場合に可能なのか」「今回の契約で一者随契が必要な理由は何で、それはどのように記述すべきか」をしっかりと理解することが必要でした。

「前例どおりにやって失敗した！」という教訓は、大小至るところにあります。**仕事は、慣れてきてからこそが怖いもの。**仕事の根拠を、法令や計画等に基づいて明確に説明できるまで理解を深めることは、市民への説明責任を果たしていくためにも必要です。なお、根拠を説明する場面では、具体的に関係条文を見せて説明すると、理解が得られやすくなります。

▼目的を意識すると仕事が変わる

根拠と並んで、日頃見過ごされやすいのが、目的を意識することです。

私が主任時代のことですが、資料のコピーを後輩のTさんに頼みました。すると、「この資料は何に使うのですか」と聞くので、「理事者（市長・副市長・教育長のこと）への説明の資料なんだ」と答えると、「では、ページ番号も振っておいたほうがいいですね」と言って、手際よくページ番号を振り、きれいにコピーを取ってくれました。

資料にページ番号を振っていなかったのは私の不手際なのですが、忙しい理事者への説明をスムーズに進めるために、彼女がとっさに見せた気遣いにとても感心したことを今でもよく覚えています。

資料1つでも、使う場面や目的（相談レベルの打合せなのか、正式な会議なのか、外部に出すものなのかなど）によって、求められる精度は違います。**指示を受けたら、必ず目的を確認しましょう。**それにより、1つひとつの仕事の焦点がはっきりします。

▼『3人のレンガ職人』

こんな説話をご存じでしょうか。

ある旅人が小さな町の広場で作業をしている3人のレンガ職人に出会います。「何をしているのですか」と尋ねると、1人目のレンガ職人は「見ればわかるだろう。レンガを積んでいるんだよ」と答えました。2人目のレンガ職人は、「レンガを積んで壁をつくっています。この仕事は大変ですが賃金がいいのでやってます」と答えました。3人目のレンガ職人は、「教会をつくるためにレンガを積んでいます。この教会は多くの信者の大切な心のよりどころ。いいものをつくってたくさんの信者に喜んでもらいたいのです」と答えたそうです。3人目の職人は、積極的に技術や知識を習得して高く評価され、その後、現場監督を任されました。

こんな話なのですが、仕事に対する目的意識を考えさせてくれる話です。

私は納税課で、東京都主税局徴収部の特別滞納整理担当部長だった藤井朗さんが著書『滞納整理と進行管理』（東京税務協会）の中で書かれている話を、よく紹介します。

高額の滞納事案を解決して誇らしげに話す若手職員に対して、「口座振替を勧めたのか、滞納者を納期内納税者に変えるまでが仕事だ」と諭したというエピソードです。

自分が目的として見ているものは、「レンガ」か「賃金」か「大切な心のよりどころ」か。

同じことをやっているように見えても、高い目的意識を持つことで、確実に仕事が変わってきます。最初の3か月で、ぜひ身につけてほしい習慣です。

新人公務員は要注意

「型」は大事だが「前例」に囚われすぎるのは失敗のもと。根拠を理解した上で、高い次元の目的意識を持とう。

03

ゴールを具体的にイメージする

考えなしに手を動かすのはNG

▼まずは必要な成果物を1つひとつ書き出す

仕事の指示を受けて、いきなり突っ走るように作業を始める人がいます。一見、速くてよさそうですが、往々にしてその後迷走してしまいます。かつては私も、まさにそうした1人でした。

たとえば、新制度についての市民説明会の準備を指示された場合を考えてみましょう。新人の頃の私であれば、会議室の確保、ポスターの作成、席札の用意、資料の印刷等と思いつくままに行ったでしょう。そして、後になって、あれがない、これが足りないと大騒ぎしていたように思います。

今ならば、ゴールの具体的なイメージを描くところから始めます。ゴールには、アウトプット（出力されるモノ）とアウトカム（成果）の2つの側面があります。アウトプットプットは、端的には仕事の結果として作成されるモノのことです。

作成作業に入る前に、作成すべきモノは何かを具体的に1つひとつ書き出し、それらの作成に必要となる情報や作業を整理します。この**アウトプットの洗い出しと整理をしておけば、抜け漏れを防ぎ、作業の無駄を防ぐことができます。**また、必要な数量等をすべて書き出して表にまとめておくと、チェックする先輩もラクになります。

▼成否を分ける要件を具体的にイメージする

ここが大事なところなのですが、アウトプットを書き出し、作成作業をイメージすることができても、まだ作業に入ってはいけません。アウトカム、つまり、必要となる成果を理解しておくことが大事です。

たとえば、新制度の市民説明会で考えてみましょう。明言はされていないかもしれませんが、新制度についての市民の理解を得るという目的に照らして、参加人数や理解内容について、どこまでいけば成功で、何を下回れば失敗かという要件があるものです。そうした要件について、先輩・上司に確認した上で、**アウトプットを、その先にあるアウトカムにどうつなげるかを検討するのです。**それができるようになると、格段に、目的達成の確率が高まり、失敗しにくくなります。

たとえば、100人以上の参加があり、新制度の概要と必要性を理解していただくことができれば成功、参加が30人以下で新制度の必要性すら理解されなければ失敗であったとします。この観点から、書き出したアウトプットの1つひとつを具体的に検討します。実施時期・会場の場所・広報・進行・資料、そして座席の配置まで、成功に寄与し、失敗の回避に役立つように気を配り、工夫していきましょう。

公務員1年目、それも3か月までにマスターしたい内容としては、ちょっと高度かもしれません。しかし、アウトプット（出力されるモノ）をアウトカム（成果）につなげていくことは非常に大切。デキる職員はみんなやっていることです。

新人公務員は要注意

どんな仕事でもいきなり着手してしまうのはNG。まずはアウトプットを洗い出し、アウトカムにつなげる。

04

「段取り八分」を心がける

仕事の成否を分ける大切なポイント

▼「最初から段取り上手な人は、1人もいない」

私は、段取りが上手なほうではありません。努力・工夫して、公務員としてダメなレベルからは脱したと思いますが、それこそ入所した頃は、ドタバタしている割に仕事がはかどらず、指導してくれていたO先輩には相当にご迷惑をおかけしました。

当時、財政課長で後に副市長となったUさんと立ち話をしたときに、「段取り八分って知っているか?」という話になりました。段取り八分とは、仕事における事前準備の大切さを表した言葉で、「段取りをしっかり行えば、その仕事は8割方完了したも同然」という意味です。今思えば、大学の後輩である私がもがいている様子を見かねて、何気ない会話を装ってアドバイスしてくれたのでしょう。その一言で段取りが急に上手くなることはありませんが、仕事に対する意識を大きく変える契機になりました。

U課長は、「最初から段取り上手な人は1人もいない。段取り上手な人をよく観察してごらん」とも仰いました。その目で見ると、職場のM主任の段取りのよさに気づきました。いくつもの仕事を抱えながらも、支障をきたしそうなポイントを事前に潰して、仕事をスムーズに順序よく進めていたのです。

逆に、私のようにドタバタしながらも仕事を進められない者が、どれだけ周囲にとって迷惑かも、少しはわかるようになりました。15年経っても完治はできませんが……。

▼段取り上達のコツは、まずは書き出すこと

公務員にとって、「段取り力」は重要な能力です。

仕事で成果を出せない公務員は残念ながら少なくありませんが、その理由の大部分は、前項の「ゴールを具体的にイメージする」ことができていないか、「段取り力」に問題があるためです。「段取り力」は技術ですから、早めに意識して、実践する中で身につけていくことが大切です。

公務員1年目のための段取り力向上のポイントは3つあります。ズバリ、①**ゴール**

から逆算する、②具体的に書き出す、③書き出したものを「段取り上手」な人に見てもらう、です。

ゴールから逆算して、必要な手順を書き出し、スケジュールに落とし込みます。大事なことは、頭の中で整理するだけでなく、最初は必ず紙等に書き出すこと。そして、それを「段取り上手」な人に見てもらうこと。きっと手順の過不足・順番・時期・注意点等についてアドバイスしてくれるはずです。

公務員にとって、「段取り力」が重要なことは多くの人が知るところ。けれど、それを誰かに見てもらっている人は少ないのです。上達したければ、得意な人から学ぶのが近道です。

新人公務員は要注意

デキる公務員とそうでない人の違いは「段取り力」。仕事の段取りは、ゴールから逆算して、必ず紙に書き出す。

05

役所の資源をフル活用する

公務員の仕事には必ず前例・事例がある

「なんでイチから書こうとするのかな？」

納税課での出来事です。

ある若手職員が、初めて「参加差押」という手続きをすることになりました。しかし、処理に時間がかかっており、上がってきた起案文書は誤りが多いものでした。このため、主任・係長から多くの手直しを受けました。

無事決裁した後、事情を主任に聞くと、「なんでイチから書こうとするのかなあ？」とぼやいていました。どうもイチから自分で書類を書いたため、根拠条文をはじめ、多くの事項が誤ったようだというのです。その若手職員にとっては、確かに初めての処理であっても、書庫を見れば、そうした起案は多く、手がけた同僚・先輩も多くいます。そうした事例を参考にしつつ、わからないところは聞き、書式ももらって処理すれば、ずっと効率的でミスも防げたはずです。

公務員の仕事で、まったく前例のないものは稀です。ほとんどの仕事では類似の事例があり、それを処理した文書等があります。たとえ、その課では初めてのものだったとしても、庁内・業界を見渡せば、事例は数多くあるもの。まずは、そうした前例・事例を収集して、詳しい人にどんどん聞いて、とことん利用しましょう。

▼いい仕事を、どんどんストックしよう!

以前、財政課でU係長が、部下である若手職員に、「珍しいケースやいい事例はコピーして取っておいて、参考にするといい」とアドバイスしているのを耳にしたことがあります。

そのときは、予算流用の起案に関することでしたが、納得のアドバイスです。自分が直接担当した事案ではなくても、他の職員が担当し、自分も合議した事案の中には、いつか参考になるものが必ずあります。そうした事案にアンテナを張り、**ただ判子を押して終わりにするのではなく、読み込んだ上でコピーを取っておけば、後日役立つときがくる**ということです。

これも、多くのデキる職員がやっているものの、あまり教えてはもらえない仕事のコツの1つです。デキる人は、マニュアル、書式、参考になる起案等を集め、ストックしています。また、庁内外において、この分野はこの人、あの事例はあの人というように、聞ける人を見つけていて、人脈づくりをしているものです。

そうしたことを毎年続けていれば、そのストックは10年も経つと非常に大きな財産になります。中堅と呼ばれるくらいの経験を積めば、自分自身の仕事の中にも参考になるような事例が出てくるでしょう。それらもどんどんストックしていきましょう。

仕事のノウハウや人脈は、その場限りのものではなく、後々まで活きる財産です。先輩たちのストックを使い、受け継ぎ、自分も積み上げる意識を持ってください。

新人公務員は要注意

イチからやって期限切れではプロ失格。前例・ノウハウ・人脈をストックして、積み上げよう。

06

抜け漏れを防ぐ

同じミスを繰り返さない秘訣

▼ミスが少ない人、多い人

ミスは嫌なものですし、問題のもとです。

率直に言って、今の多くの若手職員は、ミスが少ないと思います。私の新人の頃など、ミスのオンパレード。今思い出しても赤面ものですが、そんな職員を見ることは稀になりました。

私は、「ザル」と言われるほどダメな職員でしたから、ミスもしょっちゅうでした。もちろん、それでは仕事にならないので、ミスをどう防ぐかいろいろ考えます。その分、ミス防止策には、今ではちょっとうるさいほうかもしれません。

ミスが少ない人と、多い人。公務員はこの2つに分かれます。ミスは、圧倒的にミスが多い人から生じ、しかも、同じようなミスが繰り返される傾向があります。自分自身のことも棚に上げて、デキる職員にいろいろ聞いてみてわかったことは単純なものでした。つまり、ミスが少ない人は、**①正確な手順、②注意点（ミスが出やすいポイント）を把握した上で、③最後にチェックをしている**のです。

逆に、ミスが多い人は、①〜③のどれもおろそかで、やっつけ仕事の場合が多いようです。私がこのパターンでした。仕事は、チェックまで行ってようやく完了です。

▼「ミス防止3点セット」を使いこなす

ミスが少ない人は、3つのことをしていると述べました。しかし、それらを確実に行うためには、頭の中で意識しているだけでは不十分です。そのためのツールを実際に使うことが大事です。私は、「ミス防止3点セット」と呼んでいます。

1つ目は、**「ミス記録」**です。以前流行ったレコーディング・ダイエットではありませんが、ミスを繰り返さないためには、自分がどんなミスをしたかを具体的に把握する必要があります。人間は不都合なことは忘れる生き物ですから、ミスは記録しなければ意識できません。記録していると、自分のミスの傾向をつかむことができます。

2つ目は、**「チェックシート」**。ミスを防ぐために必要な手順を確実に行ったか、ミスを発見するための数値等のチェックを行ったかを、仕事ごとにリスト化します。抜け漏れを防ぐために必須のツールです。決して頭の中だけで行ってはいけません。

3つ目は、**「マニュアル改善」**です。多くのマニュアルは、正しい手順だけが書いてあります。このため、その手順の意味が軽視され、マニュアルの手順は理解しているのに、手順どおりに行わないという問題が生じやすいものです。そうした弊害を防ぐためには、ミスが出たら、当該部分に、どんなミスが出て、どうリカバーしたかを書き記すことです。マニュアルの手順の意味が見過ごされにくくなります。

ミスは絶対にゼロにはなりません。そのため、ダブルチェックで防止するのが基本ですが、まずは再発防止に努めて、自分自身のミス防止力を高めてください。

新人公務員は要注意

ミスは誰にでもある。防ぐ手立てを講じることが大事。「ミス防止3点セット」を活用して、ミス防止力を高める。

07

デキる若手のメモ＋一言

相手への配慮・気配りを忘れない

▼「聞いてないよ！」えらい剣幕で怒る上司に立ち往生

「課長はどこ？」と部長が課長席に来て、一言。

「ちょっと席を外しているだけだと思いますけれど」

「そう。先に第二会議室に行くと伝えておいて」

「わかりました」


ところが、会場が第一会議室から第二会議室に変更になっていたのです。戻ってきた課長に「部長が先に行くと仰っていました」とだけ伝言したため、課長は第一会議室へ行ってしまい、後でその職員は、課長から「会場が変更になったなんて聞いてないぞ！」と叱られたそうです。

伝言を受けた若手職員が災難だったようにも見えますが、正確な伝言を怠った甘さが招いたともいえます。正確に伝言していれば、防げたことには違いありません。

伝言をめぐる、上司の「聞いてない！」という怒りの声は、今日もどこかの職場で響いていることでしょう。伝言は、報連相（報告・連絡・相談）の中でも最も日常的なもの。だからこそ、円滑に行われなければなりません。**メモを取り、そのメモを見せて、正確に伝える**ことが基本です。

▼伝言元・伝言先のための、この配慮が効く！

先日のことです。私が会議から戻ると、付箋がディスプレイに貼ってありました。「〇〇課長（内線〇〇）から電話あり。また掛けなおすとのこと。〇月〇日の会議について。〇月〇日〇時〇分　I受」。そして、「課長、〇〇課長から電話がありました。付箋のとおりです」と、付箋を書いたI主査から声をかけられました。完璧です！

伝言メモには、①伝言元、②連絡先、③用件、④必要なリアクション、⑤日時、⑥受けた者の氏名を書きましょう。忘れがちなのが、②、③、④です。よくあるのが、「電話がありました」のみ。それでは、伝言を受けた側としては、何の要件なのか、かけ直すべきなのか待つべきなのかが、わかりません。電話をしようとしても、番号を調べるひと手間がかかってしまいます。①～⑤が揃っていれば、スムーズに対応できます。し、複数の伝言があった場合にも、どれを優先すべきかを判断できます。

また、**重要な案件については、メモだけでなく、必ず一言添えましょう。**メモを見落とす可能性もあるからです。さらに、特に緊急・重要な案件については、伝言したことを伝言元（電話をかけてきた相手）にも伝えておきます。伝言元にとっては、伝言が伝わっているか気になるもの。「伝えておきました」の一言で安心できます。

余談になりますが、伝言に限らず、何かを頼まれたら、頼んできた人に必ず一言でも報告しましょう。やりっぱなしはよくありません。松下幸之助さんも仰ってますが、そうした気配りが積み重なって、信頼になっていきます。

新人公務員は要注意

不正確な伝言は必要のないトラブルを招く。正確に、相手の立場に立ってメモ＋一言を添える。

伝言メモの例

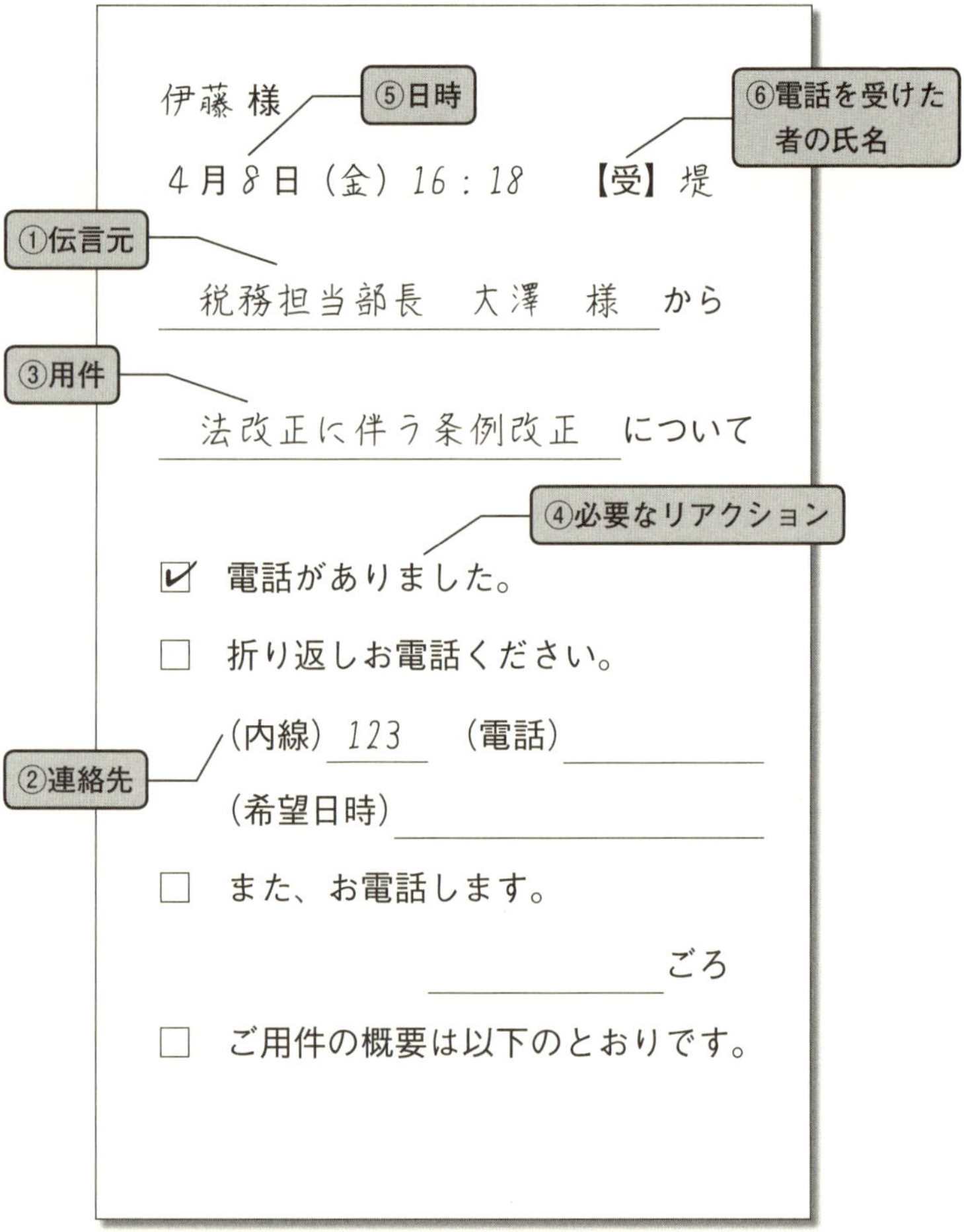
伊藤 様
⑤日時
4月8日（金）16：18
【受】堤
⑥電話を受けた者の氏名
①伝言元
税務担当部長　大澤　様　から
③用件
法改正に伴う条例改正　について
④必要なリアクション
☑ 電話がありました。
□ 折り返しお電話ください。
（内線）123　（電話）
②連絡先
（希望日時）
□ また、お電話します。
ごろ
□ ご用件の概要は以下のとおりです。

08

「ご相談があります」から始める

最初の一言で「報連相」のどれかを示す

「話が長い人」たちの悲劇

ある市の管理職から聞いた話です。

市長ら理事者に、ある課長が担当案件について説明し、判断を仰ごうとしたのだそうですが、会議の途中で理事者が怒り出したというのです。

30分の会議のところ、20分経っても、その課長は延々と説明を続けていました、それも経過について、膨大な資料の当該部分を頭から読んだという話です。そこで、市長がとうとうシビレを切らし、「もういい！　結論から言え。何を私に判断してほしいんだ?」と告げたということでした。

それでも、課長は簡潔に説明できず、とうとう30分となり、時間切れ。理事者は次の予定へ。当然、ご判断はいただけず、大きな遅れにつながってしまったそうです。

ここまではいかなくても、「話が長い」「結論から話せ」という注意は、いろいろな場面で見受けられます。聞き手が説明に割り込んで質問することで、話を前に進めていく場合も少なくありません。注意された場合は、相当重症だと思う必要があります。「話が長い」ことは、上司・同僚にとって大いなる時間泥棒であり、周囲から敬遠される傾向にあります。最初から話半分で聞かれてしまうこともあり、ひどいと、説明したのに「聞いていない」なんてことにもなりかねません。

デキる公務員は、簡潔な説明に長けた「相談上手」な人が多いものです。

▼「ご相談があります」から始めよう

上司はとても忙しいものです。上司自身も多くの仕事を抱え、また、上司に相談したいのは、自分だけではありません。そこで、私はできるだけ「ご相談があります」「ご報告が2件あります」というように、**話の冒頭で、報告なのか、連絡なのか、相談なのかを区別する**ようにしています。

藤沢晃治著『「分かりやすい説明」の技術』（講談社）では、「情報が脳内関所で仕分けられた後、脳内整理棚の一区画に格納される瞬間が『分かった！』ということ」であると説明されています。上司が理解しやすいようにするには、大きい順に仕分けて冒頭から順に述べていくことが大切なのです。だから、まず報連相のどれなのかを伝えておくことが大事です。

その後、結論・理由・その他の選択肢等を説明していきますが、**一言では説明できない場合は必ずレジュメを用意しましょう。**また、説明では、必ず担当者としての自分の考えを述べること。「どうしましょうか」という相談は、無責任だと思われます。

「課長、ご相談があります。〇月〇日の会議は第一会議室でよろしいでしょうか。第二会議室は取れませんでした。参加予定者が〇〇人なので、第三会議室では狭すぎると考えます」。こう言えば、OKか否か、すぐに判断してくれるでしょう。

新人公務員は要注意

話の長い人は損をする。相談は、結論・理由・その他の選択肢の3点セットで。

09

意見は言う、決定には従う

存在感ゼロも不満分子もNG

▼よくある会議の光景

「何か意見はありませんか」

課の会議において、担当者から説明があった後、進行役の課長がそう言いました。誰も発言せず、案件は了承されるという、よくある会議の光景です。一方で、ずっと持論を述べるなど、特定の人だけが発言している会議も見かけます。ときには、会議が終わった後に、「本当はあの件には反対だったんだ」という人もいます。

公務員1年目の皆さんにとって、きっと職場の会議は不可思議に思えるでしょう。発言しないといけない気がするけれど、一方で、変な発言をするなという空気も感じる。いや、すでに筋書きがあるみたいだし、決定権を持つ課長・係長の考えは決まっているようだから、発言しても無駄かも。反対ばかりの不満分子と思われても……。

そう感じるかもしれません。

▼会議進行の基本ルール　①提案→②質問→③意見→④決定

「会して議せず、議して決せず、決して行わず」という言葉がありますが、よい会議とはその反対であるべきものです。つまり、端的にいえば、会議の目的は「実行のために集まって議論して決定すること」です。

公務員の場合、組織はトップダウン型ですから、決定する権限は、各部署の決裁権者が持っています。単に決定すればいいならば決裁権者が1人で行えばいいのです。しかし、決裁権者がよりよい決定をするために、疑問を質し、意見を出していく、そして、結論を共有して実行に移す。それが会議の目的です。

このため、会議では、1年目から、必ず一言は発言するように意識してください。座っているだけでは、会議での発言は上手くなりません。1年目ならば多少発言を外しても大丈夫なものです。公務員1年目では多くの疑問があるでしょうから、それを1つでも出して会議の中で解決するように努めましょう。一方、意見を出すことは大事ですが、多数決で決するフラットな場だと勘違いしないでください。**「自論に固執せず、**

決定には従う」ことが重要です。

会議は基本的に、①提案→②質問→③意見→④決定という順で進行します。ポイントは、②質問と③意見を区別することです。まず提案内容をよく理解するために、質問を出し合って不明な点を明らかにしてから、賛否を含む意見を出していき、それを参考に決定する。この過程を混同しないことが、円滑な議事進行のために大切です。

会議は、公務員が仕事を進める上で欠かせないものです。会議の良し悪しは、仕事の成否に大きな影響をもたらします。公務員1年目であっても参加者であるからには、会議を意義あるものとする責任の一端を担っていることを忘れないでください。

新人公務員は要注意

会議に出ても座っているだけの傍観者では意味がない。会議では臆せず発言した上で、決定には必ず従う。

10

仕事の位置づけを理解する

「ウチ」向き志向の残念な人

▼「ウッチー」と呼ばれる人

「ウッチーがさあ、またやってくれたよ」

他の自治体で働く仲間と話したときのことです。その言葉を最初聞いたときは、何のことだかわかりませんでしたが、「ウチは」「ウチは」と、会議等で、自分の業務や係の立場での発言ばかりしている、ある係長についたあだ名なのだそうです。私の自治体にも名前から「ウッチー」と呼ばれる先輩がいますが、とても面倒見のいい先輩ですので、同じ「ウッチー」でもずいぶん違うなあと思ったものです。

とはいえ、私も時折、職員から「ウチ」向き志向を感じることがあります。公務員は、定期的に異動し、ゼネラリスト（広範囲な知識・技術・経験を持つ人）を志向する人が多い一方、縄張り意識やセクショナリズムも強いことに、新人の頃、面食らったのを覚えています。

私は職場でも、「ウチという言葉は嫌いだから、私には使わないでください」と公言しています。**「ウチの課は」「ウチの係では」「ウチとしては」などの言葉は、「ウチ」向きの感覚・思考の枠をつくりがち**です。くれぐれもご注意ください。

▼担当業務の前工程・後工程を意識する

私は現在、納税課長として、課の各業務について、その前工程である「課税業務」、後工程である「会計業務」とのつながりを意識することを、課内に求めています。

納税課にとっては課税業務は別物で、ときには「面倒を起こしてくれる存在」と思ってしまう場合もないとはいえません。しかし、税務業務は一体であって、納付された後の処理は会計業務につながっています。**自分の課だけで完結している仕事はないということを、いつも意識しておく**ことが大事です。

その際、漠然と一体・連携だと思うのではなく、どの業務でどのような処理がつながっているのか、どのようなデータを共有し、または参照して処理が行われるのかということを、具体的に理解することが大切です。それがわかっていれば、数字の不一致等のトラブルが起こっても、原因を特定して解決するのは難しくありません。

▼市政全体の位置づけの中で判断する

同様に、業務の判断も「ウチ向き」にならないように注意が必要です。

判断はいつも、市長の名において、市民全体に対して公正・公平で、最も効果的・効率的なものとして行われなければならないからです。たとえば、納税課でいえば、自分たちの業務負担を減らそうとするあまり、課税側の業務負担が激増し、市政全体では過大なコストがかかるようでは話にならないのです。

相手や関係者の意見や立場も考慮することが、「ウチ向き」を避けるコツです。

新人公務員は要注意

「ウチ」向き志向にならないよう言葉遣いから注意する。担当業務だけでなく、前工程・後工程、全体の視点を持つ。

［新人職員からのよくある質問②］

残業の減らし方

Question

残業を減らすにはどうすればよいでしょうか？

Advice

残業は、少ないところはゼロ、多いところは100時間超。業務が急増したのに人員配置が間に合わない場合から、財政や生活保護のケースワーカーのような慢性的に残業が多い職場まであります。

残業が多い理由は職場風土も含めて様々で、対策もそれに応じていろいろです。基本的な方法は(A)処理速度を上げる、(B)仕事を減らす、(C)人員を増やすの3つです。(A)仕事の処理スピードを上げるの方法にも、私が気をつけているものだけでも、①所要時間を記録する、②段取りを組む、③ミスを減らす、④集中力を上げる、⑤習熟する、⑥省力化する、⑦協力を得るの7つがあります。

公務員1年目の皆さんに、まずおすすめするのは①です。「体重を減らしたければ毎日体重計に乗れ」と言われるように、自分の仕事の所要時間を記録していると、自然とそれを減らす方向に意識づけされます。ぜひやってみてください。

ただ、私は、無駄な残業はせず、できるだけ定時で帰るよう努力することを前提に、若いうちに一度は目いっぱい忙しい思いをしたほうがいいとも思っています。長い公務員人生では一度はすごく忙しい場面があるからです。一度、極限状態を経験をしておけば、心身と仕事を冷静にコントロールしながら進めることができます。

STEP 3

1年目に必ず磨きたい「公務員の必修スキル」

01

表情・声・手元に注意する

人は見かけが9割

▼「お前じゃ話にならない。上司を出せ！」

ある日、納税課の窓口で、市民が大きな声で怒鳴っていました。

窓口には他の市民の方もいるため、大きな声は非常に迷惑です。また、危機管理のためにも、そうした場合には近くの職員が駆けつけることにしています。「大きな声を出さないでください」と、すぐに課長である私も窓口に出ました。

「こいつが話を聞いてくれないんだ！」と怒りは収まりません。しかし、状況を聞いてみると、滞納に至った経過の聴取はしているし、言葉遣いにも特に問題はないようでした。滞納者にとって厳しい内容も言わざるをえませんが、それで怒っているわけでもないようです。

「こいつの目がさ、馬鹿にしているんだよ！」

その言葉でハッとしました。なるほど、確かに「目は口ほどにものを言う」といいます。**言葉だけ丁寧では、かえって慇懃無礼に感じられる**ものです。

目がポイントになるぐらいですから、もちろん、表情や声のトーンには、もっと注意する必要があります。

▼公務員は「第一印象」勝負

1つの自治体でずっと働く公務員にとって、長年にわたって信頼を築き上げていくことはとても重要です。ただ一方で、多くの市民の方は、一生の間に何度も市役所に足を運ぶわけではありません。なのに、ちょっと応対した職員の印象が、その自治体の印象になってしまいます。市民対応では、まさに「一期一会」の覚悟が必要です。

具体的なポイントを挙げると、**①言葉遣い、②姿勢、③目、④口元、⑤手元の5つ**です。①言葉遣いは、具体的には敬語です。よく見受けられるミスは、来庁者を前にしての上司・同僚についての言葉遣い。話の中で出てくるときは、敬語や「さん付け」は不要です。②姿勢は、猫背になったり、足を組んだりしないよう注意しましょう。

③目は、冒頭のエピソードのとおり。事情を聴く場面などでは、共感を目に込めつつ

傾聴しましょう。④口元では、しまりがなかったり、薄ら笑いを浮かべてしまったりする人がいます。なかなか自分で気づくのは難しいので、一度、鏡でチェックしたり、家族にコメントをもらってみましょう。

市民の方から、目・声に次いで指摘されるのは、⑤手元です。腕を組む、ペンをくるくる回す、せわしなく指を組みかえるなどの仕草は、高圧的・落ち着きがないといった印象を与えます。癖になっている人も多いので、ご注意ください。

窓口での具体的な言葉のやりとりについては、田中富雄著『これでうまくいく！公務員のクレーム・窓口対応』（学陽書房）が参考になります。さまざまな事例ごとの問題点や対応策が紹介されていますので、ぜひ一読をおすすめします。

スキルアップの鉄則

市民対応では、職員の印象＝自治体の印象となる。①言葉遣い、②姿勢、③目、④口元、⑤手元に気をつける。

02

FAQを「見える化」する

市民が聞かずともわかるようにしておく

▼いつも同じことを説明しなくてはいけないのは、なぜ？

現在、私が所属する納税課での話です。

あるとき、F主任を中心に若手職員があああだこうだと何かやっています。気になって覗いてみると、納税証明コーナーをつくっていました。

それまで、納税証明については、市民が窓口に来たら、個別に対応して説明していました。窓口には申請用紙や記入例も置いていますが、課税・納税証明との混同や、証明が必要な年度の誤りもあり、毎回、それを説明する必要があったのです。

そこで、窓口の一部に納税証明コーナーを設置し、「課税・非課税証明の場合は市民税課へ」と表示し、よくある間違いがわかるような記入説明を書きました。すると、説明の必要が減り、記入した後で呼んでもらえるようになったので、事務効率も向上しました。若手職員が日々の業務の中で自主的に課題を見つけ、改善を図ってくれたことが、とても嬉しかったです。

▼よく聞かれることに、業務改善のタネがある

「市民から質問されたことをメモしておく」

そう語っていた新人がいました。一度、そのノートを見せてもらったことがあるのですが、ビッシリと日付と質問内容と、それに対する簡潔な回答が書き込まれていました。とてもいい習慣だと思います。

質問されたことをメモしてストックしておけば、よく質問されること、つまりＦＡＱ（Frequently Asked Questions）がわかります。それに対する回答をまとめて、業務の窓口対応マニュアルの一部としてＱＡ集にしましょう。公務員１年目の皆さんにおすすめなのは、Ｑ（質問）だけまとめて、Ａ（回答）は先輩に聞きながら書くことです。

これならば、勉強になって業務能力が上がる一方で、大した手間はかかりません。Ｓｔｅｐ１の「04 引継ぎに備えてマニュアルをつくろう」ともつながりますが、**仕事の上で学んだことは、仕事に還元するようにいつも意識しておく**ことが大事です。

その上でめざすべきことは、より抜本的な対策です。まず考えるべきことは、すべて記入する必要のない項目はないか、すべて記入する必要があるとして、②選択式にするなどの工夫はできないか、③説明や表示はわかりやすいか、④申請者が記入する部分が見分けやすいかを検討しましょう。

次に考えるべきことは、見本の見直しです。⑤様式と見本の色を一致させて見分けやすくする、⑥間違えやすい部分は吹き出し等で説明をつけるといった工夫ができます。参考になるのは、銀行やホテルの書類、そしてｉＰｈｏｎｅのユーザーインターフェイス（画面表示）です。ムダなくスタイリッシュで、見れば直感的にわかる。そういった窓口をめざしてください。

スキルアップの鉄則

市民からの質問と回答はノート等にまとめておく。質問の頻出事項は工夫して業務改善を図る。

03

上司の目線で書く

起案決裁は、「至急」のときほど要領よく

▼「至急」の起案ほど、なぜか後でトラブルのもとになる

仕上がりが期限間近になり、持ち回りで決裁をいただいた起案。そんな起案に限って、後で誤りが見つかり、上司から叱られてしまうことがあります。

我ながら苦い思い出があるのは、公務員1年目の当初予算要求の起案です。段取りが悪くて作業がギリギリになり、上司のチェックもそこそこに何とか提出。すると、いくつもの誤植や数値の誤りが後で見つかり、新規・増額要求のポイントの説明も不十分だったため、自業自得ながら、無事に予算がつくまで苦労しました。

公務員1年目は、当然ながら経験不足です。また、情報は上司に集中するため、大所高所からの判断は、当然、上司でなければできません。そして、何より公務員は文書主義である以上、正式な決定手続きは、あくまで起案決裁によります。

起案決裁とは、単に書類を作成して印鑑をもらうことではありません。起案して決裁をもらうことを通して、上司に説明し、判断してもらい、組織として意思決定することです。そうした認識が不足していたゆえの失敗でした。

▼上司の目線で、1枚に判断材料を盛り込む

起案文書の書き方は、各自治体が作成している『公文書作成の手引き』や新人向けに実施される研修で学ぶことができます。ただ、用字用語や配字などの形式面ばかり気にする職員が少なくありません。大事なことは、忙しい上司に決裁を通じて理解・判断を求めるために、**上司の目線で、判断材料となるものを簡潔に盛り込む**ことです。

判断するにあたって上司が知りたいことは、何でしょうか。Step2の「08『ご相談があります』から始める」の応用ですが、まずは、その起案は何なのかです。これはタイトルでわかるようにします。たとえば、「○○について（回答）」とあれば、回答の起案なのだと一目でわかります。次に、決定を要する理由です。「○○法第○条に基づき」「平成○○年○月○日付け『○○○』で依頼のあったとおり」等を冒頭に書くのはそのためです。そして、起案の趣旨を書きます。「○○してよろしいか伺い

ます」等ですが、タイトルと一致させて、首尾一貫させます。ここに矛盾があると、上司は「ん？」と思います。

あとは、「記」以下に、箇条書きで、結論・理由・根拠・予算・参考資料等を簡潔に書いていきます。できれば、「別紙のとおり」等として資料を付す場合にも、概要を1行にまとめて書いておくと、上司が理解しやすくなります。

なお、**起案文書は保存され、後の先例ともなるもの**です。起案だけを後年見返してわかるように、必要な資料はすべて添付します。このとき、見やすいようにインデックスや付箋をつけます。また、前の起案をもとにする場合でも、情報公開・個人情報保護の区分、保存年限、決裁区分は、情報公開条例・個人情報保護条例・文書管理規程・事務決裁規程等に基づいて確認すること。先例が正しいとは限りません。

スキルアップの鉄則

起案文書は、決裁権者の決定に必要な要素を簡潔に盛り込む。情報公開・個人情報保護・保存年限・決裁区分に注意する。

04

手本を集める、書式をつくる

文書は結局「習うより慣れろ」

▼公務員特有の言葉遣い

私たち公務員は、日々、文書をつくっています。文書作成をまったくしなくて済む日はないぐらいです。だから、正確で速い文書作成能力は不可欠です。

Step2の「05 役所の資源をフル活用する」でも述べたとおり、文書作成能力を磨くには、手本に習うのが基本です。また、文書作成の研修や『公文書作成の手引き』（81、84頁）が役立ちます。しかし、文書作成はスキルですから、「習うより慣れろ」。**自分から手本を集め、たくさんの行政的な言い回しに触れることが上達の早道**です。

私の職場のOBに、文書の神様というべきMさんという方がいます。一緒に電車に乗ると、吊り広告を見て、「この広告の言葉遣いの中に、公文としては3つ間違いがある。どれか？」等と聞かれます。「問合せ先」と「問い合わせる」のように名詞と動詞で送り仮名が異なるもの、「取組」と「仕組み」のように似たような単語でも送り仮名が異なるもの、「及び」「又は」の使い方などが間違えやすいのだと教わりました。

▼集中的なトレーニングをし、書式を各種取り揃える

文書作成は、公務員にとって必須のスキルで、武器と言っても過言ではありません。言葉遣いと文書のつくり方は、一度覚えてしまえば、後はかなりラクになります。文書作成能力が高い職員は、一度、徹底的に勉強しているものです。早い時期から集中的にトレーニングしておくことをおすすめします。必修テキストは、各自治体の『公文書作成の手引き』、そして、その根拠となる公文規程、文書管理規程です。

行政文書の言葉遣いは、常用漢字を基本として、「公用文における漢字使用等について」（内閣訓令第一号）及び「法令における漢字使用等について」（内閣法制局通知）に拠っています。実務では、ぎょうせい公用文研究会編『最新　公用文用字用語例集』（ぎょうせい）を字引として使うのが便利です。また、類義語の区別は廣瀬菊雄著『〈改訂版〉公用文　用字用語の要点』（新日本法規）が参考になります。ナナメ読みでいいので、目を通しておくと、後で迷ったときに、サッと調べることができます。

文書作成は、目的に応じた形式を覚えてしまうのが早道です。通知・照会・回答・依頼などの形式的な文書は、手本を集めておき、書式をつくっておくと便利です。デキる若手職員は、使いまわせる書式を各種取り揃えているものです。先輩から譲ってもらいましょう。文書作成の実践的なポイントについては、秋田将人著『見やすい！伝わる！公務員の文書・資料のつくり方』（学陽書房）が参考になります。

なお、文書は、作成だけでなく管理も大事です。自治体では、情報公開に対応するため、同じ種類の文書は必ず同じ場所に保管しています。電子ファイルも、同一のフォルダに保管しています。文書の種類ごとに、保存年数も定められています。「ファイル管理表」を文書取扱主任等から見せてもらい、覚えておきましょう。

スキルアップの鉄則

文書作成は、一度覚えてしまえば後はラクになる。目的に応じて手本を集め、書式をつくっておこう。

05

規則を読む、実務を知る

財務会計の応用力

▼会計はつまらない仕事？

「毎日伝票に追われて大変です。もっと将来につながる仕事がしたいです」

「係の会計担当なんて雑用ばかり。こんなことをやって役に立つのでしょうか」

こんな若手職員の声を聞くことがあります。事業を担当して颯爽と仕事をしているように見える同期などと比べてしまい、そう思ってしまう気持ちはわかる気がします。

私も、公務員1年目は、伝票処理に追われていました。前職の経験を活かしてシステムの仕事を頑張ろうと思っていたので、会計の仕事に少し不満を感じていました。

しかし、私にその仕事を与えたのは、O先輩の親心だったのです。「堤をコンピュータの専門バカにしてはいけない。経験者採用だからこそ、幅広い知識・スキルを身につけさせることが本人のためになる」と考えてくれていたことを後で知りました。庶務担当だったのはたった1年でしたが、実地で学んだ経験は、その後、主任・係長・課長として仕事をする上で、本当に大きな財産となりました。

財務会計は、主任以上をめざす人にとってはもちろん、どの職場でも必要であり、すべての職員に必須のスキルです。チャンスがあれば、早いうちに経験することをおすすめします。

▼実務の手順より1つひとつの根拠を正確に

一口に「財務会計」といっても、数多くの処理があります。当初予算、補正予算、準備行為、配当、契約、支出負担行為、支出、検査、執行管理、決算、監査といった1年間の基本的な流れに加え、振替・戻出・戻入・資金前途・精算・流用といった会計処理、そして、切手などの有価証券や机・椅子等の備品の管理なども仕事です。

財務会計については、予算・契約・会計等、それぞれ担当者向けの研修があります。まずはそのテキストを手に入れるところから始めましょう。ただし、どちらかといえば、研修では、実務的な手順や注意点の話が中心になる傾向があります。実務上のポイントは重要ですが、そうしたルールの根拠は何か、そうしたルールは何を防ぐためにあるのかを理解することを意識してください。それが応用力につながります。

根拠となる法令・例規には、地方自治法・地方財政法から始まり、事務決裁規程・予算事務規則・契約事務規則・支出負担行為手続規則・会計事務規則・物品管理規則などがあります。たとえば、「支出負担行為とは何か」「部長・課長・係長の決裁区分はどう分かれているか」などを、考えながら読み込んでいくと理解が深まります。

実務上は、支出負担行為の起票忘れ、科目や金額の誤り、請求書の日付から1か月を経過した支出伝票などのミスが見受けられます。迅速な処理とチェックが大事です。また、支出伝票提出から実際に業者口座へ振り込まれるまでの日数等、それぞれの処理が執行されるまでにかかる標準日数を知っておくとよいでしょう。

スキルアップの鉄則

財務会計は、実務的な手順・注意点だけでなく、規則を読んで1つひとつ根拠を押さえる。

06

議事要旨を書きまくる

会議の「流れ」をつかむトレーニング

▼議事要旨を見れば、その人の「会議力」がわかる

公務員が仕事を進めるためには、良くも悪くも会議は欠かせません。欠かせない以上、会議を上手く進めるスキルを磨くことが大切です。

私の同期のYさんは、この点で抜群の力を持っています。彼は、組合の書記長でもあるのですが、単に書記長という立場に関係なく、誰もが彼に相談します。どんな分野のことでも、過去の経過や論点について、正確な答えが返ってくるからです。

そんな彼の得意技は、議事要旨の作成です。小さな打合せでも、彼が参加した会議では、彼から要点を記した議事要旨が会議終了後すぐに送られてきます。議事要旨はとても非常にシンプルなもので、日時・場所・参加者に加えて、主な発言と決定事項が書いてあるだけです。しかし、だからこそ、どの発言が決定につながったかが一目

瞭然です。

会議では、多くの発言がありますから、会議の「流れ」のポイントをつかんでまとめなければ、簡潔な議事要旨は書けません。議事要旨を見れば、その人の「会議力」がわかります。

▼よい会議には、結論に至る「流れ」をつくる仕掛けがある

会議の目的は、Ｓｔｅｐ２「09 意見は言う、決定には従う」で述べたとおり、実行のために集まって議論して決定することです。そして、よい会議には、必要な議論・決定がされるような仕掛けが盛り込まれているものです。

公務員の会議では、激論が交わされるようなものは比較的少ないので、**何が決定に至るポイントだったのか、一見わかりにくい**ものです。ただボーっと座っているだけでは、いつまで経っても会議の仕組みはわかりません。だからこそ、議事要旨の出番です。議事要旨は、会議の結果を参加者が共有するのにとても便利ですから、作成して、「ご参考にどうぞ」と主催者にメールすると、とても喜ばれます。そして、誤りがあれば、すぐに指摘してもらえます。なかなかこういう機会はありません。

会議の「流れ」は、①資料、②発言、③その順序でつくられます。逆にいえば、会議がその目的を果たせないときには、会議の目的自体に問題がある場合を除き、①〜③のいずれかに問題があります。何が要因で「流れ」が逸れ、目的を達することができなかったのか、議事要旨から振り返ってみましょう。よくあるのは、会議の目的とあまり関係のない資料です。そのために、論点から外れた発言が多くなり、議論が明後日の方向に向かってしまうのです。

公務員の仕事は、独断で行うことは少なく、大小多くの会議があります。仕事をうまく進めるためには、会議は避けて通れない関門。会議巧者となれば、仕事ははかどります。会議の「流れ」への感度を上げるために、議事要旨をたくさん書きましょう。

スキルアップの鉄則

議事要旨の作成は、勉強になるだけでなく、感謝もされる。会議の「流れ」をつくる3要素をしっかり押さえること。

07

「調整」と「整理」

公務員に必須の「筋」を立てる力

▼「調整力」の勘違い

私の知人で、事務力は高いものの、調整力に難がある係長がいます。調整事項が生じて、相手の課に出かけていくと、いつもこじれて帰ってくるのです。課長はいつもそのフォローが大変そうでしたし、係員も困っていました。

ある業務について、2つの係のどちらで処理するかをもめたときのことです。この係長の発言は、「自分の係は業務で手一杯で余裕がない」と、自分の立場からの主張一辺倒だったそうです。結局、課長同士で話し合って解決したといいます。

一方、複数の関係者の意見を単に「丸く」収めることが「調整」であると思っている職員もいます。一見解決したように見えても、それぞれの主張の都合のいいところをつまみ食いしたり、表現をごまかしたりしていて、後日、問題になる場合が多いです。

「調整力」は、公務員にとって重要な能力です。**「調整」とは、「ある基準に照らして正しく整えること」。** 大事なのは「基準」であり、それに沿って「正しく整える」ことです。なお、公務員が「交渉」という言葉を使う場面は稀で、「労使交渉」「用地買収交渉」「納税交渉」等に限られています。交渉力の強弱が重要とされる業務です。

▼「整理」の重要性

冒頭で挙げた、2つの係間でどちらがその業務を処理するかという「調整」でいえば、所掌事務を定めた組織規則の規定の解釈が「調整」の核心です。こうした場合、「組織規則に基づいて、○○業務の取扱いを整理した」というような言い方をします。

「整理」もまた、公務員がよく使う言葉です。新たに生じた事態等への対応の考え方、つまり「筋」を立てることです。**「調整」された結果は、その後の同様な場合における先例＝判断基準となります。** だからこそ、「整理」して、今後も説明できる「筋」を通していないと、後々大いに困ることになります。「筋」の中身にこだわることが大事です。

関係者の声の大小、力の強弱だけで決めてしまうと、筋が通っていなかったため、後々、大幅な見直しを求められることになりがちです。十何年前の自分の不十分な「整理」が、巡り巡って迷惑をかけたり、自分の痛手になったりすることもあります。

正しく「整理」していくためには、法令の基礎的な理解力とともに、個別具体的な整理事例の理解が大事です。「整理」が必要になったら、まずは、類似の事例、援用できる事例がないかを調べます。経験がものを言う部分でもありますから、調べて見つからなければ、上司・先輩に相談しましょう。

ただし、**参考になりそうな事例が見つかっても、それをそのまま適用してはいけません。** その事例を理解して、その「筋」が正しいか、今回の事案への適用が正しいかを検討してください。安易な前例踏襲もまた、ハマりやすい落とし穴の1つです。

スキルアップの鉄則

公務員の「調整力」は、「整理」で決まる。
「整理」では「筋」の中身にこだわること。

08

手帳を「第2の脳」にする

集中と切替でスピードアップ

▼あっちの仕事を進めれば、こっちの仕事が遅れてしまう

「仕事がたくさんあって、すべてをうまく進めることなんてできない！」

複数の業務を担当していて、1つを進めていると、他の業務が遅れてしまう。モグラ叩きのように、遅れたこっちの仕事を進め、それが何とか片づくと、別の締切間際の仕事をやっつける。毎日仕事に追われていて辛い。そんな若手職員の相談を受けることがあります。

他の自治体で働く知人のTさんは、そんな状態を見事に脱した1人です。彼女は、係長として、いくつもの自分の担当業務に加えて、5人の部下の仕事をマネジメントし、夫と分担して家事と子育てをこなし、週末は実家の父親の介護もしています。

相当に大変なはずですが、趣味も楽しみ、余裕すら感じさせるTさん。「どうやっ

ているの？」と聞いてみたら、以前、勉強した手帳術が役立ったということでした。

▼手帳を活用して、頭をどんどん切り換えて処理する

ポイントは、手帳を使ってやるべきことに集中できるようにすることです。

やるべきことを整理したら、手帳に書いて、いったん頭から追い出してしまう。そして、手帳を見て、今やるべきことだけに集中する。それが終わったら、また手帳を見て、次のやるべきことに集中する。手帳を「第2の脳」として記憶部分は任せてしまい、次々に頭を切り換えて、どんどん処理しているのだそうです。

こう書くと簡単そうですが、2つ3つの仕事は難なくこなせても、5つを超えてくると大変です。複数のやるべきことを整理するにはコツがあります。横軸に日付、縦軸に業務を書けるマトリクス（表）を作って、それぞれの仕事や家事のやるべきことを書き込む。集中している日があれば前後にずらす。それを手帳のスケジュール（予定）やタスク（作業や仕事）に落とし込んで、抜け漏れを防いでいました。

Tさんは、そうした機能に優れた「セパレートダイアリー」という手帳を使っていました。私は「ほぼ日手帳」とｉＰｈｏｎｅ・ｉＰａｄのリマインダーを愛用してい

ますが、同じようにマトリクスで公私のやるべきことを整理しています。

▼進捗確認、空き時間も予定に組み込む

Tさんの手帳の使い方と仕事の進め方で、参考になったことがもう2つあります。

1つ目は、**必ず予定に落とし込む**こと。やるべきことは、必ずスケジュール化されていました。今日、係員2人にそれぞれ調査を頼み、その結果をまとめて資料を作り、来週末、課長と打合せをするとします。この場合、Tさんは、①今日は係員2人への依頼、②今週末は係員2人への進捗確認、③来週前半は資料作成の作業、④来週末には課長との打合せのアポイントを手帳に書き込みます。作業時間、進捗確認をスケジュール化するのは、とても大事なことです。これによって、手帳を単なる予定確認ではなく、進行管理のツールとして活用しているのです。

公務員1年目の場合、仕事の多くは指示されて行うものです。そして、1人で完結するものはほとんどありません。誰かに頼むこと、頼んだ内容の確認、自分自身の作業時間、そして、上司への中間報告・提出の時間も、スケジュール化してください。指示する上司にとって、きちんと報告してくれる部下は大変ありがたいものです。

手帳でスケジュールとタスクを管理する

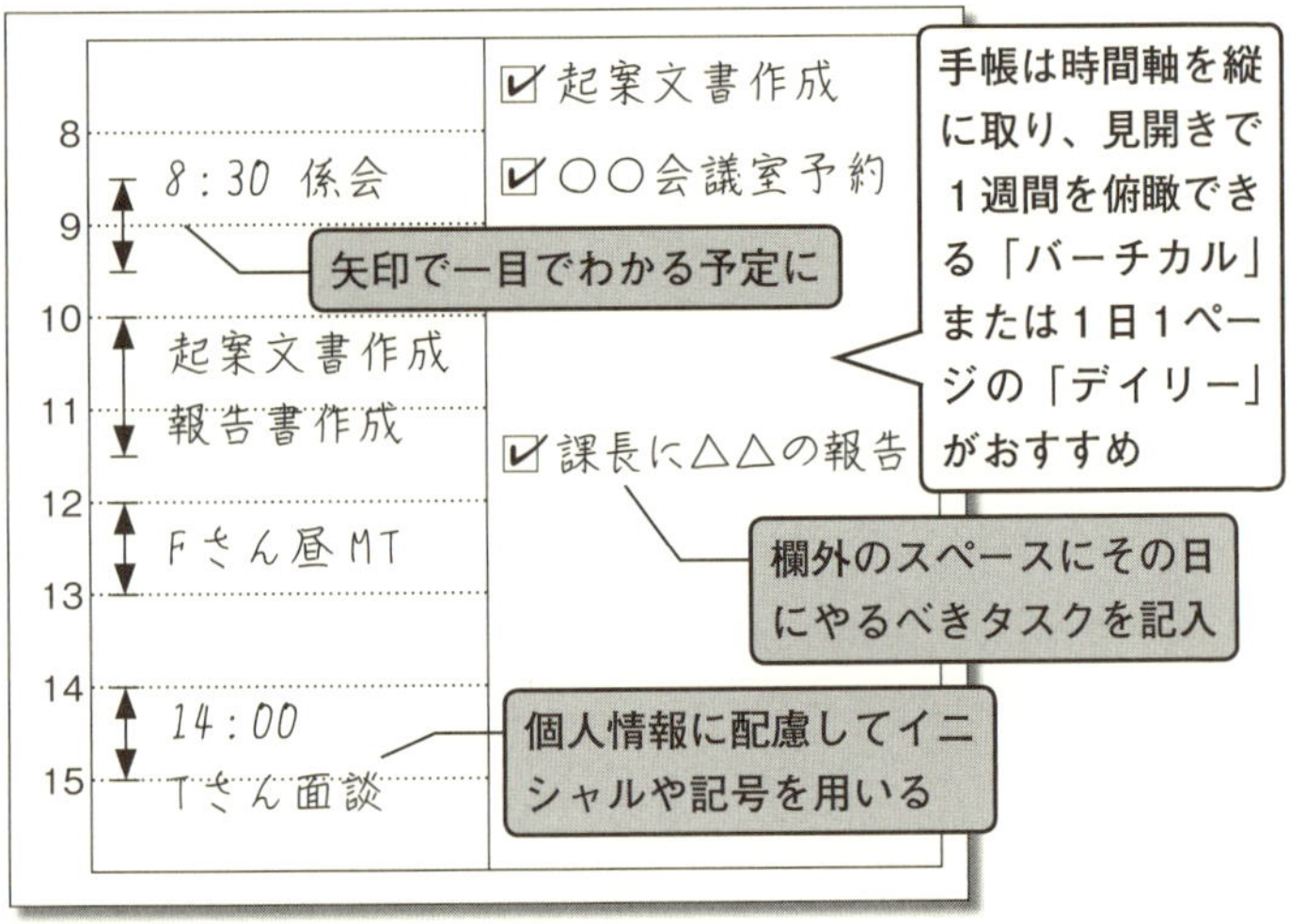

プロジェクトシートで複数の案件を見える化する

		1（水）	2（木）	3（金）	4（土）	5（日）	6（月）	7（火）	8（水）
1	文書・電話催告	発送						期限	電話
2	窓口混雑予想	◎	○	○			○	◎	○
3	滞納処分（5件）	①		②			③		
4	市報		原稿	起案			提出	締切	
5	定時退庁・休暇	定時		定時			定時		

２つ目は、**予定を詰め込みすぎない**こと。1日の中で30分の空き時間とか、週の中で過密な日の後には少し予定に余裕がある日を意識的につくっていました。予定どおりにいかない場合もあるし、体調や集中力もいつも最高とは限らないため、臨機応変に対応できるよう調整しておくのだそうです。

手帳の活用法については多くの本があります。工夫された手帳や使い勝手のよいスマートフォンのアプリなどもたくさんあります。これらを活用すれば、仕事の効率化と公私の両立が驚くほどはかどるだけでなく、やりたいことを優先できるようになります。ただし、人によって相性は結構違うものです。自分に合った管理術を、ぜひ一度、研究してみることをおすすめします。

スキルアップの鉄則

手帳とマトリクスを駆使して、複数の業務の進行管理を行う。予定を詰め込み過ぎずに、空き時間を確保しておく。

09

関係者の予定を押さえる

仕事をスムーズに進めるコツ

▼せっかく起案したのに、課長が不在で進められない

私が新人のときのことです。

課長の決裁を経て、期日までに業者にシステム改修を依頼しなければならない案件がありました。課長に相談しなければ進められない部分があったのですが、期日までは日数があったので、他の仕事を先に片付けて、起案を仕上げたのは期日間際でした。ところが、その頃は、課長の出張と休暇に重なっており、結局、相談できたのは期日当日。しかも、不備があって、課長の指示で急いで手直しを行うことに。何でもない仕事のはずが、かなりドタバタして迷惑をかけてしまったことを覚えています。

この案件で一番大事なのは、課長に相談し、その判断を踏まえて、起案をまとめて決裁を得ること。つまり、課長の予定を先に押さえて、相談だけでも済ませていれば、

スムーズに進めることができたはずです。

▼一番忙しい関係者の予定に合わせる

仕事を進める上で、関係者の予定を押さえておくことは大事です。特に、「調整」の場合、「根回し」を要する人たちの予定を押さえて、順序よく話をしておかなければ、うまく事は運びません。

議会の日程は、出席・待機を要する管理職・係長職を大きく拘束します。その間は、議会対応に集中するため、まとまった時間を割いてもらい、相談することは難しくなります。時間を要する相談事は、なるべく議会のない月に予定を入れておくことです。大きなイベントも、列席者となっている場合があるため、意識しておきましょう。

関係者の予定を把握しておくと、その関係者がその時期、どのような状況に置かれているか、何に関心を払っているかが見えるようになります。そこに配慮して、わかりやすい説明を心がけると、「根回し」の効果は倍増します。

「根回し」ひとつとっても、対象となる関係者の忙しさによって、説明の時間が大きく変わり、話す内容も違ってきます。議会や審議会でその問題が話題になっているような場合には、細かい点まで説明する必要があるかもしれません。逆に、他の問題に忙殺されているときは、短時間で簡潔に説明することが求められます。

関係者がその上司に説明を求められる場合などは、渡す資料を説明しやすい形にしておきます。たとえば、予算要求のヒアリングでは、財政課の担当者に図やグラフを使った**「見ればわかる」資料を渡します。**担当者が課長・部長・理事者の査定を受ける際に、説明しやすくするためです。こうした気遣いが、仕事をスムーズにします。

公務員の仕事は、1人で完結することはほとんどありません。大きな仕事ほど、関係者が多く、ボトルネック（円滑に進めるための妨げ）となる場合が少なくありません。関係者の予定を押さえ、状況を踏まえた配慮を加えることを意識しましょう。

スキルアップの鉄則

議会日程、イベント等の予定を考慮した上で、関係者の予定を押さえて仕事を円滑に進める。

10

失敗事例に学ぶ

主なトラブルをあらかじめ想定しておく

▼情報システム係の仕事はトラブルとの闘い

もうひとつ、私が新人の頃の話があります。

私は住民税システムを担当していましたが、入所したその年の当初課税処理において、税制改正に対応するためのシステム改修にミスがあり、課税ミスが起きました。新人だった私を除く関係職員全員に処分が下り、衝撃を受けたのを覚えています。

翌年の当初課税処理に向けては、チェックリストを強化して臨みました。しかし、またシステム改修のミスによる課税ミスが起きてしまいました。チェックリストで処理工程に正確さを期すだけでは不十分だったのです。

そして、3年目の当初課税では、どんなパターンで誤りが発生する可能性があるかをシミュレーションし、それを入念にテストで潰すことで、課税ミスなく乗り切ることができました。トラブル防止のためには、どんなトラブルが起きたら困るのか、それが起きる場合はどこに問題があるかを具体的に想定して、対策を講じておくことが必要だったのです。新人の私にとっては厳しい試練でしたが、いい経験でした。

▼トラブル対応は、事例収集&シミュレーションの両輪で

公務員の仕事には、必ず過去にトラブルがあります。公務員の仕事には、今日、ゼロから始まったような仕事はほとんどないからです。まずは、**担当業務における過去のトラブル事例に関する情報を収集しましょう。**

過去の事例を集めたら、それをパターン分けします。そして、似たような、または逆のパターンがないか、シミュレーションします。ロジックツリー（136頁参照）を使って、論理的に抜け漏れがないか、チェックしておきましょう。過去の事例収集とシミュレーションの双方が必要です。前者で再発可能性が高い既知のトラブルを防ぎ、後者で未知のトラブルに備えます。多くのトラブルは、過去とまったく同じ形で出現するほうが稀ですから、可能性があるパターンを考え、そこから逆算して、原因となるミス等が起きないように対策を打っておくことが必要になります。

こうしたミスやトラブルに対する考え方は、畑村洋太郎著『失敗学のすすめ』（講談社文庫）で詳しく述べられていますので、一読をおすすめします。仕事にトラブルはつきもの。どんなに慎重に行っても、決してゼロにはなりません。そして、**「失敗は成功の母」であり、業務を改善していく際には避けて通れないもの**でもあります。

特に重要なことは、トラブルには正面から向き合うことです。トラブルに際しては、それを軽く考えたい、誤魔化したい、他人のせいにしたいという心理に見舞われます。しかし、そんなことをすれば、より深刻な状況に陥るものです。それを乗り越えるものは、誠実さと胆力。それもまた、トラブルに向き合う中でしか得られません。

トラブルは避けるのではなく、克服するもの。その経験が貴重な財産となります。

スキルアップの鉄則

トラブルには正面から向き合うこと。克服すれば、必ず自分の糧になる。

例規・要綱に目を通す

「役所のキマリ」の集大成

▼「誰も教えてくれなかったから」

私が入所4年目、国民健康保険税の徴収担当だったときのことです。職員課にも合議してもらう必要がある起案があり、担当業務と関係があったため私も合議したのですが、課長決裁となっていました。

他の部と合議するときは、所管部長決裁とすることが、文書管理規程で定められています。そのため、私が「部長決裁ではないか」と指摘すると、起案した職員は、そもそも文書管理規程の存在自体を知らないようでした。そういう例規があることも、そこで決裁について定められていることも、知らなかったそうです。「誰も教えてくれなかったから」とのことでした。

実際のところは、担当者から課長決裁で起案が上がってきたら、主任・係長・課長の誰かが気づいて修正させるべきものです。以前から、同様の起案はしていたようですから、彼だけが悪いのではありません。

しかし、市としての決定・措置に関することは、法令とその下にある例規・要綱に基づいて仕事をする公務員として、「知らなかったから」では済まされないのです。

▼目を通すべき例規・要綱はこれだ！

例規集は、「役所のキマリ」の集大成であり、私たち公務員がその内容と処理に精通していることは、プロとして当然です。例規とは、条例と規則のことであり、公務員が遵守すべき規範です。これに対して、要綱は課の事務のマニュアルに過ぎませんが、これに則って事務を行うべきものです。

配属3か月以内に、自分の担当業務の法令と所属する課が所管している例規・要綱については、目を通しましょう。 私が現在所属する納税課では、市税条例・市税条例施行規則、そして、過誤納金の還付・充当や口座振替等の要綱があります。

自治体の例規は各類（各編）に大分類されていますが、特に重要なのが、行政を貫くルールである「行政通則」と「財務」です。私が勤める自治体では、「行政通則」として、

①組織、②処務、③市民参加・情報公開・行政手続、④子どもの権利、⑤男女平等、⑥文書・公印、⑦広報の例規が、「財務」として、①予算・会計、②契約・財産、③市税、④税外収入の例規が所収されています。

「行政通則」「財務」は、入所3年以内に目を通しておきましょう。 各課の所掌事務、庁議の付議事案、情報公開・個人情報保護とその例外、市報の搭載事項といった「役所のキマリ」がわかるようになります。担当業務でなければ、まずは精読しなくても構いません。一読しておけば、いざというときに思い出して調べることができます。

公務員は法令と例規に従って仕事をする存在である以上、「教えてもらえなかったから知らない」は通じません。自分から、主な例規・要綱には目を通してください。

スキルアップの鉄則

担当業務の法令、所属部署の所管例規・要綱等は3か月以内に、その他主要な例規・要綱は3年以内に目を通しておく。

3年目までに目を通しておきたい主な例規

分類(章立て)	名称	内容
通則	市民憲章	市民の理念
	自治基本条例	「自治体の憲法」。理念から市民参加等まで
議会	議会基本条例	議会及び議員の役割、基本事項等
行政通則(行政一般)	組織条例・組織規則	市の組織及び事務分掌
	処務規程	事務の処理及び職員の服務
	事務決裁規程	市長の権限に属する事務の決裁
	庁議に関する規則	庁内の最高会議「庁議」の規定
	市民参加条例・同施行規則	市民参加の理念、手続き等
	情報公開条例・同施行規則	情報公開の理念、手続き等
	個人情報保護条例・同施行規則	個人情報保護の理念、手続き等
	行政手続条例・同施行規則	処分、行政指導、届出の手続き等
	文書管理規程	文書等の管理
	公文規程	公文書の作成に用いる用字用語、例式等
	公印規則	公印の調製、押印、管理等
	市報発行規程・同施行規則	市報の発行、登載事項、手続き等
財務	予算事務規則	予算の編成・執行の手続き等
	会計事務規則	会計事務の役割、手続き等
	支出負担行為手続規則	支出負担行為の手続き等
	補助金等交付規則	補助金等交付の原則、申請、決定の手続き等
	物品管理規則	物品の区分、備品管理の手続き等
	契約事務規則	売買、貸借、請負等の契約手続き等
	検査事務規程	工事、製造、物品買入れ契約の検査手続き等
その他	男女平等基本条例・同施行規則	男女平等の理念、施策の基本事項等
	文化振興条例・同施行規則	芸術文化振興の理念、施策の基本事項等
	産業振興条例・同施行規則	産業振興の理念、施策の基本事項等
	環境基本条例・同施行規則	環境の保全等の理念及び施策の基本事項等
	まちづくり条例・同施行規則	まちづくりの理念、建築協定等の手続き等

※「行政通則」が「行政一般」と表記される等、分類(章立て)は自治体によって異なる。
※教育委員会等は、それぞれ組織規則、処務規定、事務決裁規程等を定めている。

［新人職員からのよくある質問③］

飲み会等の付き合い

Question

飲み会には必ず参加しなければならないのでしょうか？

Advice

昼休みの食事、就業後の飲み会等は、任意です。嫌ならば、参加する必要はありません。誘ってくれることに感謝する配慮を見せつつ、参加したくない旨、きっぱりと伝えましょう。

多くの場合は、全く参加したくないわけではないのだけど、程度が問題ということでしょう。月1回なら1回、2回なら2回といった回数、また、二次会には参加しない等の自分なりの一線を決めておくのがいいです。自分なりのルールをつくり、それも一種のキャラクターとして周囲にも認知されてしまえば、不本意なことは減り、なくなっていきます。なお、アルコールがダメな人、食物アレルギーがある場合は、はっきりと伝えましょう。

その上で言えば、ある程度は、付き合ったほうがいいと思います。それによって、共に働く職員を知り、関係も生まれ、自分の幅も広がっていきます。座る位置、お酌の仕方やタイミング、話題の振り方・合わせ方等、いろいろな作法や機微がありますが、そういったものは若いうちに知っておくといいです。初対面の、立場や職種が違う人と楽しいひとときを過ごすための知恵ですから。

もちろん、次の日に支障を来たさないようご注意を！　飲み会の翌朝、電話で休むのは最低です。必ず出勤しましょう。それが厳しい場合にも、午後から休むとか、最低限、あらかじめ休暇を入れておくことです。

STEP 4

10年目までに自分のものとしたい
「公務員プロの心得」

01

雑用は積極的に引き受ける

判断力と意志の強さを磨く方法

▼雑用は断るもの？　それとも引き受けるべきもの？

公務員1年目には、多くの雑用が降りかかります。

電話を取ったり、文書を届けたり、資料のコピーや整理をしたり、会議の会場セッティングを手伝ったり、飲み会の幹事をしたり。「毎日毎日、細かな雑用に追われて、自分の業務が進められない」という悩みを、若手職員からよく聞きます。

自己啓発書の中には、仕事では成果の出るコアな部分に集中すべきとして、雑用の断り方を説明しているものもあるようです。私も、若手職員から、「雑用を頼まれるのですが、どうやったら断れるでしょうか」という相談を受けることがあります。

確かに雑用が多く、それに追われて1日が終わり、大事な仕事を進めることができなければ本末転倒です。しかし、私は「雑用は積極的に引き受けよう」とアドバイスしています。なぜなら、雑用は増えこそすれ、なくなることはないからです。

新人のとき、私は係長・課長は雑用もなく、判断に集中できるものだと思っていました。皆さんにもそう見えるかもしれません。しかし、実際は逆です。主事・主任以上に、係長・課長は多くの雑用を抱えています。ただ、処理能力が高い人が多く、水面下でどんどん処理しているので、多くの職員には見えないだけなのです。

いずれ雑用を選択して断ることも必要になるでしょう。しかし、まず、**公務員1年目にとって大事なことは、雑用の処理能力そのものを高めること**です。

▼デキる職員は、多くの雑用を極めて効率的に処理している

私がメンターとして尊敬しているOBのFさん、Yさんは、「雑用は判断力の母」「万年幹事であれ」と言い、実践していらっしゃいます。部長となっても、退職した今でも、いつも幹事を続けてくれているのです。

多くの雑用を、抜け漏れなく、効率的にこなすためには、**先延ばしせずにその場その場で判断する**ことが必要です。ゆえに、雑用をこなしつつ、担当業務をしっかりと行うことは、判断力と意志の強さを磨くことに他なりません。

公務員1年目から、雑用を積極的に引き受け、それを10年続ければ、処理能力・判断力・意志の力は大きなものとなります。逆に言えば、10年後に、的確な判断力と強い意志がなければ、中堅として責任を果たすことは、ほとんど不可能であることを知っておいてください。職場にも、それで苦しんでいる人がいるはずです。

次の5点に気をつけると、驚くほど雑用処理がはかどり、大事な仕事と両立できます。**①手帳等でタスク管理をする、②すぐに少しだけでも着手する、③ついでにできるものは一緒に行う、④細切れ時間を活用する、⑤毎日30分の雑用処理時間を確保する。**本性が怠け者の私の場合、②、⑤が特に大事です。

ただし、雑用処理に快感を覚える「雑用中毒」に陥らないよう、ご注意ください。

急成長のポイント

雑用を的確にこなすことで、判断力と意志の強さが磨かれる。先延ばしせずに処理し、大事な仕事と両立する力を高めよう。

02

誘われたら顔を出す

「体験感度」を上げるコツ

▼「誘われるうちが華」

世の中には、本当に顔が広い人っているものですよね。

同期のSさんの顔の広さには、とても感心します。どの職場にも親しく話ができる知り合いがいて、楽しそうなのはもちろん、さまざまな動きに通じ、ざっくばらんに相談ができる等、仕事においても強みになっています。

彼の場合、入所以来ずっとサッカー部を続けているからというのもあります。けれど、それだけでなく、人との縁を大事にしているからというのが大きいと思います。誘いを受けたら顔を出すという柔軟さがあり、だからまた誘われる。そうして、輪が広がり、つながりが深いものになっていく、そういう好循環ができているのです。

人の輪や縁は、「誘われるうちが華」。新人のうちには、多くの機会があるでしょうが、何もしなければだんだん減ってきます。また、いろいろな場に顔を出すことで、場の大切さや楽しさを理解し、学び遊ぶ体験に対する感度が上がってきます。まずは、いろいろな場に顔を出さなければ、自分の幅はずっと広がりません。

いつも呼ばれる人と、声も掛からない人。その差は10年間で非常に大きなものになっていきます。ぜひ、「誘われたら顔を出す」ようにしてみてください。

▼断る場合は、誘ってくれたことに感謝する

とはいえ、気をつけておきたいことが2つあります。

1つは、断る場合です。仕事や先約、または体調不良等により、断らないといけない場合は、きっぱりと断りましょう。そのとき、誘ってくれたことに感謝して、参加できないことが残念であることを伝えるのがコツです。そして、後日、立ち話等をするときに、**「誘っていただいた件、当日はいかがでしたか?」**等と聞いてみることです。きっとまた誘ってくれるでしょう。なお、どうしても気乗りせず、参加できないものである場合には、その旨を伝えましょう。期待させると逆効果です。

2つ目は、政治と宗教の話題に注意することです。職員同士の集まりの場合、あま

り政治と宗教に関わるものはないかと思います。ただし、地域関係の場合には、いろいろな場があります。公務員は公正・公平を旨とする職業ですから、特定の政治的な考え方や宗教に偏っていると見られると、本人のみでなく、自治体全体にも悪影響を及ぼしかねません。

具体的には、**政治と宗教に関係が深い場には参加しないことだけでなく、そうした発言を控える**ということです。地域では、さまざまな立場の人が、いろいろな形で関わっているものです。何気ない一言が、ある政治・宗教的な立場からすれば、聞き逃せない発言と受け取られる場合があります。特に、選挙が近い時期や選挙期間中の、候補者に関わる発言には注意が必要です。迷ったら、先輩・上司に相談しましょう。

急成長のポイント

いろいろな場に顔を出してみることで、自分の幅が広がる。その蓄積が、近い将来に必ず活きる。

03

メンターを持つ、ライバルをつくる

人は人によって磨かれる

▼メンターを持てるかどうかが、あなたの将来を大きく変える

「私には、3人の先生がいる」

私が尊敬するOBのYさんは、常々そう仰っています。仕事の仕方を教えてくれたOさん、政策というものを学ぶ機会をくれたKさん、管理職の心得を示してくれたNさんの3人とのことでした。

Yさんは、**「ダイヤモンドはダイヤモンドでしか磨けない。同じように、人は人でしか磨けないものだ」**と仰います。だから、メンターを持つことが必要なのだと。

メンターとは「仕事や人生の指導者・助言者」とされてますが、教師やコーチとはどう違うのでしょうか。メンターの語源は「メントール（Mentor）」とされますが、この人物は、ホメロスの叙事詩「オデュッセイア」に登場する人物の名前だそうです。

王子の教育を託された賢者で、王子のよき指導者・理解者・支援者となりました。

ポイントは、単に知識・技術を教育・訓練する存在ではなく、お手本（ロールモデル）であるということです。日本語でいう「師」に近く、教えてもらう以上に、こちらが手本として真似る・学ぶ対象なのです。

たとえば、松下幸之助さんの著書は今なお多くの人に愛読されており、心の師と仰ぐビジネスパーソンや経営者は少なくありません。メンターは会ったことのない方でもいいのですが、接点のある方ならば、よりありがたいものです。自分が信頼し、尊敬する方が自分のことを見ていてくれる、そのありがたさ。一方で、その期待を裏切ることはできないという畏《おそ》れ。この2つの気持ちが、皆さんを長く支えてくれます。**メンターは、自ら求めてこそ見つかるもの**です。一生懸命に探してください。

▼ライバルがいれば、油断と慢心を防ぐことができる

私は、同期に恵まれています。同期は35人いて、退職した人もいますが、いずれも逸材ばかり。同期がいい仕事をしたと聞くと、嬉しさとともに、「負けてはいられない、自分もいい仕事をしよう」という気が湧いてきます。

ライバルといっても、別に出世競争の相手ではありません。ライバルを（心の中でも）持ち、その努力・力量を認め、尊敬する。そのことが、自らの励みとなり、油断と慢心を防ぎ、知らず知らずにぬるま湯に浸ってしまうことを防いでくれます。

企画政策課で過ごした6年間は、とてもやりがいがありましたが、ハードでもありました。それでも自分なりに頑張り通せたのは、私が勝手にライバルだと思っている、頑張る同期等のお陰です。組合でも頑張る努力家のYさん、政策の勉強に励むFさんといった仲間たちの姿を思い浮かべると、もうひと頑張りする元気が湧いてきました。

長い公務員人生、必ず何度かのピンチがあります。自分ひとりでは、長く頑張ることはできません。そのとき、支え助けてくれるのは、メンターとライバルです。

急成長のポイント

メンターは何よりの財産。目を皿にして探そう。メンターとライバルの存在が、自分を支えてくれる。

04

人には敬意を払う

必ず自分より優れたところがある

▼誰にでも長所があり、プライドがある

「一寸の虫にも五分の魂」

前述の「文書の神様」Mさんは、そう仰いました。最初、何のことを言っているのかわかりませんでしたが、その言葉は強烈に印象に残りました。

私が組合役員になったときのことで、今後、多くの職員と接することになる私への助言として出てきた言葉です。Mさんは管理職となる前、組合役員だったため、その経験を踏まえて助言してくださったのです。いろいろな職員と接すると、欠点だらけに見える人もいるかもしれない。けれども、その職員にも必ず長所はある。そして、誰もがプライドを持っている。**そのプライドを重んじなければ、人と付き合っていくことはできない。**そう教えていただきました。

▼いろいろな先輩・上司・後輩のもとで仕事をするのが公務員

職員の中には、人の愚痴ばかり言っている人がいます。

私も、自分のことを棚に上げて、文句を言いたくなることもあるので、気持ちはわかります。けれども、それは間違った態度です。

何だかんだ言っても、公務員採用試験は簡単なものではありません。その難関を突破してきた職員は、やはりどこかで優秀さを持っているものです。もちろん、地域の方々もそうです。0点の人などいません。逆に100点の人もいません。

人が低く見えたら、あるいは完璧に見えたとしたら、自分の心が穏やかではない証拠です。まして、**自分のことを棚に上げて他人を批評する言葉が口から出そうになったら、赤信号が灯っている危険な状態**だと思ってください。他人のプライドを傷つけることは、長くその恨みを受けることにもなりかねません。

空気を読むことに長けた、新人の皆さんには無用の心配かもしれませんが、必ず相手の立場とプライドに配慮するようにしてください。長く職員・市民との関係の中で働く公務員だからこそ、特に必要なことです。自戒を込めて忠告します。

公務員は、いろいろな人たちとの関わりの中で仕事をする職業です。職場の中でも頻繁に人事異動があります。私は、企画政策課での6年間で15人の上司のもとで働くことになりました。当然、全員が性格も強みも違う方々です。毎年入れ替わっていたので、前年度からの方向性とぶつかることもありました。そこで学んだことは、**それぞれの上司にそれぞれの強みがある**ということでした。そこに敬意を払い、言うべき意見は言いつつ、決定に従い、実現をめざすことが大事だということです。

誰もが自分には2割ほど甘い点数を付けがちだといいます。それを自覚して、相手の長所と付き合って仕事をしていきましょう。

急成長のポイント

0点の人も100点の人もいないことを理解する。人とはその長所と付き合って仕事をする。

05

ナナメの関係をつくる

人間関係の耐震補強

▼ナナメの関係が、公務員の人間関係を広げる

M市職員のMさんとは、入所4年目に受講した東京都市町村職員研修所での研修で同じグループになったのが縁でした。

その後も連絡を取り合ったり、飲んだりしていましたが、企画政策課で働いていたとき、彼も企画課に異動になりました。長期総合計画の策定や公共施設白書の作成等、自治体は違っても、同じような仕事に携わったため、情報交換をしていました。M市は先進市ですから、私が教えてもらうことが多かったものの、とてもよい関係です。

「02 誘われたら顔を出す」で登場した、顔の広い同期のSさんもそうですが、ナナメの人間関係が公務員の人間関係を広げてくれます。過去・現在の上司・先輩・後輩といったタテの関係、同期・同僚・友人といったヨコの関係でもない、ナナメの関

係です。私がメンターとして尊敬するOBのFさん、Yさん。そして、文書の神様のMさんも、職場の大先輩ではありますが、直接の上司であったことはありません。

この点は、地域での人間関係も同じです。タテの関係やヨコの関係の知人から紹介されて、別の場の方と知り合い、ナナメの関係が生まれることはよくあります。直接の上司でも、友人でもない、そうしたナナメの関係によって、公務員の人間関係は豊かに広がっていきます。

なお、**人間関係を太く深くするには、苦楽をともにすることに尽きます。**一緒に楽しむか、または、一緒に大変な事業をやりきることで、その人との関係が確かなものに変わります。そのような仲間こそが財産です。

▼ナナメの人間関係は、公務員の耐震補強

公務員の職場は狭いものです。特に、上司・先輩・後輩・部下との職場のタテの人間関係は、ときに些細なことから険悪なものになることがあります。第一印象等から、誤解されることもあります。同期等とのヨコの関係も然りです。

そうした状況を、ナナメの人間関係が救ってくれることがあります。たとえば、自

分とあまり反りが合わない上司がいたとします。けれど、趣味で仲良くしている別の課の先輩が、その上司と同期で、陰でフォローしてくれていたなんてことは、ざらにあります。以前、別の業務で助けた他の部署・他の自治体の関係者が、助けてくれることもあります。Step1「07 小さな積み重ねで信頼を築こう」でも書きましたが、地域では、ナナメの関係によって、知人が知人とつながり、自分の仕事に大きく関わってくるなんてことがよくあります。

公務員として過ごす期間は長く、その間にタテ・ヨコの人間関係が危機的なものになることがあります。だからこそ、人間関係の耐震補強として、ナナメの人間関係づくりを心がけてください。

急成長のポイント

自分の幅を広げ、ときに自分を助けてくれる、ナナメの人間関係づくりを心がける。

06

本を読み、メモを書く

仕事の勉強はアウトプットが大事

▼公務員は、あまり本を読まない？

私は、入所以来、1か月に5冊の本を自己啓発として読むことにしています。いわゆる自己啓発書も読みますが、その他にも、たとえば歴史や文化の本など、自分の教養を深めてくれる本も読みます。有川浩著『県庁おもてなし課』（角川書店）も、小説ですが、業界関係の本としてカウントに含めているなど、結構ゆるいものです。

しかし、公務員になってみて、意外なほどに、みんな本を読まないのに驚きました。この1年、小説や漫画しか読んでいないという人も結構います。私は公務員になる以前、技術の変遷が激しいＩＴ関係で働いていたため、関係者の多くが日々勉強していたので、その差に驚いたものです。知人のビジネスパーソンたちも読書家ばかり。たまたまかもしれませんが、皆さんの周りではいかがでしょうか？

▼公務員は、勉強し続けなければならない職業

考えてみれば当たり前ですが、公務員は勉強し続けなければならない職業です。定年まで頻繁に異動が続くうえに、まったく分野が異なる部署への異動も、普通のことだからです。役職が変わる際にも、求められる知識・スキルは大きく変わってきます。そうしたものを、ある程度は先取りして勉強していかないと、年々、記憶力や体力は衰えますし、子育てや介護もあるため、苦しくなってくるものです。

勉強する方法は、**①自分の経験から学ぶ**、**②人から学ぶ**、**③書物から学ぶ**の3つしかありません。自分が生涯経験できること、会える人は限られていますから、書物から何を学ぶかは大事です。入所以来、1か月に1冊ずつ本を読む人と、まったく読まない人では、10年後には120冊の差となってしまいます。

通勤で電車・バスに乗っている間でもいいですから、コンスタントに学ぶ習慣を持ちましょう。巻末のブックガイドで、おすすめの本を紹介します。

▼本を読みっぱなしにしない

本を読んだら、そこから**学んだことを中心に読書メモを書く**ことをおすすめします。

仕事に役立てるために本を読むのですから、読みっぱなしはいけません。書くことで記憶もしやすくなります。もちろん、手書きでも構いませんが、後で探しやすいように工夫してください。私はエバーノート（Evernote）を使っています。

以前に読んだ本と同じテーマの本を読んだときは、以前の読書メモに新たなメモを加えます。例えば、増田寛也編著『地方消滅』（中公新書）を読み、さらに、山下祐介著『地方消滅の罠』（ちくま新書）、松谷明彦著『東京劣化』（ＰＨＰ新書）の感想を加える。そうすれば、読書からの学びはより深く、豊かなものになります。

急成長のポイント

本を読み、読書メモを書き続ければ、その蓄積は自分の大きな財産となる。

07

リーダーになる、リーダーを支える

やってみなければ、その苦労はわからない

▼誰もがリーダーになる時代

リーダーって、何でしょうか？

自分には関係ないと思っている人が、公務員には多いと感じています。真面目で控えめな人が多いからかもしれません。でも、「もっと若いうちにリーダー経験を積んでおけばよかった」と後悔している先輩は、結構多いものです。

たとえば、法律改正に伴う条例改正の担当となり、関係課の協力を得て進めなければならないとしましょう。そういうときには、リーダーシップを発揮して、関係者をチームとしてまとめ、動かさなければ、条例改正は成し遂げられません。

「今は、誰もがリーダーになる時代なんだ」と言った先輩がいました。機動的に仕事を進めなければならない現在では、普段はメンバーの1人でも、ある場面において

はリーダーの役割を担う必要があることが、多くなっているのです。

私は、リーダーシップとは、「チームをまとめ、動かす技術」だと思っています。大集団を率いるのには才能が必要かもしれませんが、**公務員に求められるのは、まずは数人レベル**。誰もができるようになるものです。

ただし、リーダーはやってみなければ、その苦労はわかりません。たまにリーダーは命令していればよいと勘違いしている人がいますが、命令は最後の手段です。人には感情がありますから、言い方ひとつで大きな問題を招くこともあるのです。

▼リーダー役を引き受ける、フォロワーシップを磨く

では、どうやってリーダーシップを磨いたらいいでしょうか。

まずは、**リーダーになる機会があったら、その役を引き受ける**ことです。研修のグループの進行役、プロジェクトチームのリーダー、同期の飲み会や旅行の幹事など、目を凝らせば、機会はあるものです。なお、一番のおすすめは、勉強会の幹事です。

もう1つの機会は、フォロワーシップにあります。つまり、**リーダーを支える技術を磨く**ことです。メンバーとして、リーダーをどう支えるかを意識して実践している

と、次第にリーダーの考えていることがわかるようになります。

フォロワーシップを最大限に発揮した形は「右腕となる」です。それはすぐには難しいですが、①リーダーの意図を理解する、②リーダーの判断に賛意を示す、③リーダーが目的に反した判断をした場合は建設的に批判する、④リーダーの目的と判断に納得するようメンバーに働きかける、ということをめざしてみてください。

「EQ」という言葉で有名なダニエル・ゴールマンは、リーダーシップには6つのスタイルがあるとしています。私の経験では、そのうち公務員で多いのは、人間関係を構築する「親和型」、全員参加で進む「民主主義型」、やる気にさせて育てる「コーチ型」です。フォロワーシップを磨くことが、それらを理解する近道となります。

急成長のポイント

苦手だと思っていても、何度かはリーダー役になってみる。フォロワーシップ磨きは、リーダーシップを理解する近道。

08

判断力を磨く、決断力を培う

まずは頭で考え抜く

▼判断力と決断力は、似て非なるもの

仕事をしていると、時折予期せぬ事態が起こったり、締切まで時間がなかったり、土壇場に追い込まれることがあります。土壇場で求められるのは「決断」と「判断」です。具体的に考えてみましょう。

あなたが、あるイベントの責任者だとします。雨天の場合は中止と事前に決めていますが、小雨が降ってきました。今すぐ、決行か中止かを決めなければなりません。天気予報では開始前には晴れる見込みです。

天気予報というヒントがあるにせよ、あくまでも予報。確実とはいえません。このイベントが少雨決行なのかなどによって、ある程度は決める難易度が変わりますが、究極のところ、わからない中で決めるしかありません。

これが決断です。決断とは、**「決意して断つ」**、つまり、他の選択肢を断ち、1つの選択肢のみで進むと、意を決することです。これに対して、判断は、**「判るものを断つ」**こと。考えてダメだと判った選択肢を外して、1つの選択肢を選ぶことです。

決断には、判断力に加えて、考えてもわからない中で決める力が必要です。まずは、判断力を磨きましょう。考えればわかることは、できるかぎり、論理的な思考力（ロジカルシンキング）によって絞り込んでしまうのです。

▼『世界一やさしい問題解決の授業』

論理的な思考力を高めるには、ズバリ、渡辺健介著『世界一やさしい問題解決の授業』（ダイヤモンド社）を読んでください。これ以上に簡単なテキストはありません。ぜひマスターしたいのは、ロジックツリー「分解の木」とマトリクス「評価軸・評価シート」です。「分解の木」は関係要素の整理に、「評価軸・評価シート」は複数の要素が絡む判断に役立ちます。

たとえば、上司から、例年実施している講演会について、時期・会場・講師がそれぞれ異なるA・B・Cの3つの案のどれが参加者確保につながるか検討するよう指示されたとします。

まず、参加者増減の原因と考えられるものを書き出します。次頁の「分解の木」の例のように、①時期では月、曜日、時間帯が参加者数に影響します。②会場では席数、交通の便、設備が、③講師では知名度、専門性、トークといった要素があります。

次に、「評価軸・評価シート」で、A・B・Cの3つの案を評価します。データと突き合わせて、時期・会場・講師と参加者数との相関性を検証します。その結果、時期、会場、講師の順で相関関係が強かったとしましょう。よって、時期を3点、会場を2点、講師を1点として、A・B・Cのどのプランがベストかを判断します。

この例の場合、時期はA案、会場はA案・B案が互角、講師はC案が一番だったので、合計点数ではA案がベストということになります。

▼決断力は、土壇場経験を積むことでしか高められない

判断力を高めても、まだ、わからないことは残ります。実務では、たとえば、相関関係に不明な点があったり、評価が同点となったりすることは多々あります。

決断力は、的確な判断力をベースとして、時機（タイミング）と肚で決まります。

ロジックツリー「分解の木」

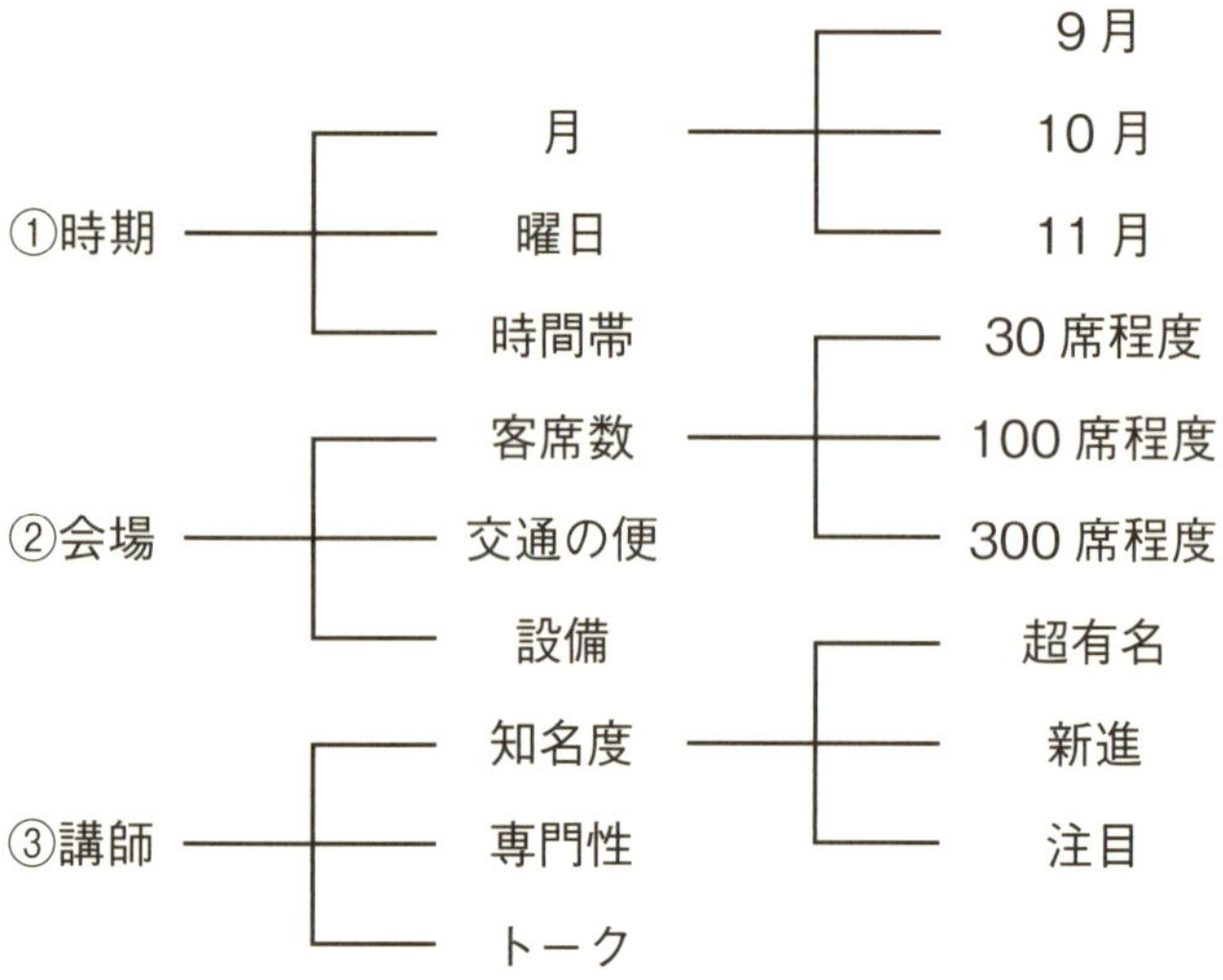

評価軸・評価シート

	点数	A	B	C
①時期	3	3	2	1
②会場	2	2	2	1
③講師	1	0	0	1
合計点数		5	4	3

一番多い失敗は決断の先送りであり、決断すべき時機を知ることが必要です。また、決断には不安がつきもの。肚をくくれなければ、いつまで経っても決断はできません。時機を知り、肚をくくれるようになる近道は土壇場経験を積むこと。いずれ必ず決断を要するときが来ますから、早いうちから土壇場経験を積むようにしてください。

具体的には、業務のミスのリカバリー、イベントの運営がそうした経験を積む貴重な機会となります。たとえば、A様に対する通知をB様に誤発送してしまったとしましょう。その場合、係長を中心に、上層部への報告、A様への謝罪及び通知の回収、B様への説明等の緊急対応を迅速に行い、再発防止策を講じます。**その緊迫感の中で、当事者意識を持って組織的に行動した経験が財産になります。**逃げてはいけません。

土壇場経験を積むことで、決断の時機を知り、危機にあって動けるようになります。

急成長のポイント

まずは、判断力を確かなものにする。決断力は、タイミングと肚が重要。

09

勉強会をつくる、外に出てみる

学び合えば、成長力は倍になる

▼楽しかった「勉強会」

私の同期には、意欲があって、おもしろい人が揃っています。

情報システム係のとき、地域情報化の計画を策定するために、若手職員による庁内検討チームの事務局になり、そこでまた、意欲のある先輩たちと接点ができました。計画策定が終わり、チームが解散するとき、「勉強会」をやることを思いついたのです。

本当に「勉強会」という名前だったのですが、メンバーがお互いの担当業務を紹介したり、先輩方を講師として招いてお話ししてもらったりしました。市長や市民の方にもご協力いただき、興味深いお話をいろいろと聞くことができました。

同じ話を聴くのでも、何人かで聴くと、それぞれに注目した部分が異なり、それが刺激になります。学び合えば、成長力は倍になるのです。また、**みんなでやれば、一**

人でやるのに比べて、ハードルはその分低くなります。同じ場を共有することで、仲間意識も生まれ育まれます。

まずは、ランチ会や朝活など、気軽なものから始めてみてください。私は、「読書会」と称して、月1回、ランチを食べながら、最近読んだ本を紹介しあう会をやっています。参加者はそれぞれ興味が違っていて、とてもいい刺激になっています。

▼職場の「外」は刺激がいっぱい！

最近、東京の多摩地域では、若手職員が元気いっぱいです。2015年11月には、立川市で80人もの規模の交流・学習会「タマガワリーグ」が開催されました。私は都合がつかず、参加できなかったのですが、とてもいい動きだと思っています。

目を凝らせば、いろいろな自治体に自主勉強会があります。自治体を超えた場もあります。私が参加する行政技術研究会は、東京多摩・埼玉の自治体職員がメンバーの中心です。行政技術研究会はメンバー限定ですが、新規参加もOKというオープンな場もあります。中野区のNAS（NakanoAfterSix）のほか、政策法務研究会なども各都道府県で活動を続けています。自治体学会、公共政策学会などもあります。

公務員の仕事は、自治体によって結構違うものです。職場の「外」に出て、そういう場に参加してみると、刺激がいっぱいあります。公務員の仕事はルーチンワークが多く、**年数を経るごとに知らず知らずのうちに保守的になってしまう**もの。刺激を受ける環境を持っていれば、自然と元気に働けるものです。特に、仕事で行き詰ったときには、「外」の仲間は本当にありがたいものです。

蛙は熱湯に入れると跳ねて逃げますが、水に入れて次第に熱していくと、気づかずに死んでしまうといいます。自分に楽な環境、ぬるま湯に浸っていると、公務員も同じように「ゆで蛙」になってしまいます。自分の中に新鮮な空気を持ち続けるために、そして、よき仲間と出会うために、月1回ぐらい時間を投資しましょう。

急成長のポイント

まずは、ランチ会や朝活などで、軽く勉強会をやってみる。外の世界からの刺激があれば、「ゆで蛙」にならずに済む。

10

「2か月で覚えろ、3年先を見据えろ」

異動の中で実績を上げるための鉄則

▼忘れられない「鬼の一言」

入所4年目の春、私は保険年金課の国民健康保険税徴収担当に異動となりました。初めての異動に緊張しつつ、早く仕事を覚えようと焦る毎日でしたが、ある日、メンターとして尊敬するYさんに言われたのです。

「2か月で仕事を覚えろ、そして、3年先を見据えろ」と。

2か月で仕事を覚えるなんて無茶だ！　誰でもそう思うでしょう。鬼だと思いました。それが表情に出たのでしょう。Yさんが説明してくれました。

「課長・係長であれば、4月に異動したら、もう6月には議会がある。2か月で仕事の概要がわからなければ、答弁もできず、とても仕事にならない。もちろん、仕事のすべてをやってみる時間はない。だからこそ、**ポイントをつかむことが大事**だ。結局、仕事で大事なのは、ポイントをつかむことなんだよ」

目からウロコが落ちる思いがしました。Yさんの言葉は、まだ続きます。

「2か月で仕事のポイントをつかんだら、3年先を考えるんだ。すると、**自分がいる3年間で実現すべきことが見えてくる。**公務員の仕事は、今年、予算要求をして、翌年度執行する。そして、出納整理期間があるから、決算は翌々年の5月末になる。3年先を考えて、初年度から動かないと間に合わないんだよ」

▼深く考えることで課題が見えてくる

1年での異動が続いたにもかかわらず、しっかりと実績を上げてきたYさんだけに、説得力があります。結局、3か月かかりましたが、懸命に仕事を覚え、国保税徴収業務のマニュアルをまとめました。その勉強を通じて、医療費が増える中で、国保税の増税が続いていること、一般会計からの繰入金も増えていることを知りました。

一方、国保税の収納率は低迷していました。つまり、納期内に納付している納税者は増税され負担が増えるのに、滞納者は支払わないままという構図です。もちろん、本当に生活が厳しくて納税できない方もいますが、その場合でも、財産調査して執行停止という手続きをしっかり進めれば収納率は上がるはずでした。

最初の3か月、懸命に勉強したお陰で、収納率向上という課題が見えました。考えてみれば当然のことで、もともと課題であったはずなのですが、当時は、収納率は景気の問題でどうしようもないという空気が充満していました。そこから3年間、どうやったら国保税収納率が上がるかという挑戦を続け、T主任をはじめとするメンバーに恵まれ、収納率は大幅に改善しました。大変でしたが充実した3年間でした。

2部署目からは、もう新人ではありません。ただ業務をこなすのではなく、実績を出すことにこだわってください。そのためにも、「2か月で覚えろ、3年先を見据えろ」、最初がとても大事です。成果を出している人の多くが実践している鉄則です。

急成長のポイント

2部署目からは実績にこだわり、「最初の2か月」を意識する。3年先を見据えることで課題が見える。

[新人職員からのよくある質問 ④]

苦手なタイプの先輩職員

Question

苦手なタイプの先輩にはどう接すればよいでしょうか？

Advice

毎日接し、仕事でお世話になる先輩が苦手なタイプだと、とても大変ですね。悩みも大きいだろうと思います。

基本的には、その先輩の長所に合わせて付き合うことが大事です。欠点や自分との違いばかりに目が行くと、そこばかり見て悩むことになります。

人を変えるのは大変なことです。自分を変えるほうがずっとたやすい。だから、相手が間違っていると悩むのは、袋小路に自分から入るのと同じです。

私も、性格的にはあまり合わない上司・先輩・後輩と仕事をしたことはあります。ただ、どちらかと言えば、そういった人たちとの仕事のほうが、仕事がうまくいったり、得るものが多かったと、後から見れば思います。自分と違うものを持っている人たちだからだと思います。

だから、自分のためにも、相手の長所に合わせてみましょう。自分の幅が広がります。公務員はいろいろな人のために、いろいろな人と仕事をする職業ですから、自分の幅が狭いままでは苦しむことになります。

相手の長所も理解し、それに合わせてもなお苦しい。食欲・睡眠をはじめ体調が落ち込んだ、特にパワハラの言動が相手にある場合には、上司に相談します。その場合でも、相手の長所を理解し合わせる努力をしているかが、大きなポイントとなってきます。

STEP／5

10年後からが楽しくなる「錆びない自分のつくり方」

01

「やる気スイッチ」を見つける

自分のギアを上げ下げできるようになろう

▼「自分へのご褒美」は要注意

「やる気が出ないときは、どうするの？」

若手職員数人に聞いてみました。皆さんなら、どうしますか？

よく聞くのが、「自分へのご褒美」です。この辛い仕事が終わったら、欲しいものを買おう、好きなものを食べよう。いつもよりちょっと贅沢に、たとえば親しい友達と。私も美味しいものを食べに行くのが好きです。

いい方法なのですが、少し注意が必要です。使用はピンポイントにとどめ、多用・常用してはいけません。なぜだか、わかりますか？

理由は2つあります。1つは、本当に忙しいとき、または心身が参っているときには、使えない方法だからです。私は、美味しいものを食べることと旅行に行くことが趣味ですが、忙しいときは両方とも無理です。かえって、時間が取れない中でファストフードなどをドカ食いして、急に太ったり、体調を落としてしまったりします。

もう1つの理由は、**「アンダーマイニング効果」**です。こちらが、より深刻な問題です。報酬などの外発的な動機づけを行うと、中長期的にはモチベーションが低下することがわかっています。報酬がなければ頑張れなくなってしまうのです。

オンとオフの切替えにも、少し注意が必要です。公私を切り替えることは、一般的にはいいことですが、それが心理的な逃避に拍車を掛ける場合があるからです。

▼おすすめは「やる気スイッチ」

やる気を高める基本的な解決法は、内発的動機づけ、つまり、心の満足です。その**仕事の中に面白さや手応えを感じ、「したいからやる」ところを見つける**ことです。

とはいえ、やはり、どうしても気が向かないというときがあるものです。そんなときに役立つのが「やる気スイッチ」です。あることをしたり、見たり、聞いたりすると、モチベーションがちょっと上がる。または、逆にリラックスできる。車でいえば、エンジンをかける、ギアを上げる、下げる、「やる気スイッチ」を見つけましょう。

イチロー選手の「朝カレー」は有名ですね。相撲の力士が土俵入りをどちらの足とするかを決めているという話も聞きます。私の勤める自治体では、納税課の若手のUさんは、マスクを着けると集中力が上がるといいます。朝、お気に入りの音楽を聴く人もいます。恋愛だけでなく、仕事でも「勝負服」を持っている人もいます。

私の場合は、ある色のものを身につけること。ネクタイやハンカチなどです。車のギアでいえば、最速の5速がブルー、パワーを要する4速がオレンジ、凌ぎたいときは2速のグレー、ゆったりと流したいときはグリーンだったりします。「やる気スイッチ」は人それぞれ。ぜひ自分のスイッチを見つけてください。

なお、本当に心身が疲れてしまったら。スッパリと休むのが一番です。

錆びない自分のつくり方

やる気と集中力を上げる、自分なりのスイッチをつくる。「やる気スイッチ」も効かなくなってきたら、スッパリと休む。

02

できる公務員は叱られ上手

叱責・苦言は成長のチャンス

▼叱られるのは、ダメだから?

誰だって、仕事のことで叱られるのは嫌なものです。

叱られないように、完璧な仕事をめざせばいいのでしょうが、私は拙速を貴ぶ性分のうえに、我ながら杜撰な仕事ぶりで、新人のときはしょっちゅう叱られました。

あれから15年経ち、今ではほとんど叱られることはありません。でも、仕事が完璧になったわけではもちろんありません。年数を経て中堅の域に入り、管理職にもなったから、私のことを叱ってくれる人がいなくなっただけです。叱ってもらえるありがたさが、身に染みるようになりました。

また、後輩・部下を叱る立場になってみて、**叱ることは、叱られる以上に嫌なもの**だと知りました。それでも叱るのは、叱れば直ると信じているからです。叱ってもダメな人は、処分されるか、担当を外されるだけ。叱ってもらえるうちが華です。

▼腹が立つのは、その指摘が正しいから

叱られて、腹が立つことはないでしょうか。

私は短気なので、「こっちの大変さも知らないで」とか、「自分のことは棚に上げて」とか、ムッとなって言い訳することが、しばしばありました。当時の先輩・上司は、そんな私を根気よく指導してくれたのですから、本当に頭が下がります。

あるとき、ようやく気がつきました。腹が立つのは、その指摘が当たっているからだと。外れていれば、その指摘は間違っていると思うだけで、そこまで腹が立つわけではありません。当たっているからこそ、腹立たしくなるのです。

そう思うようになってから、先輩の注意を以前よりは素直に聞くことができるようになりました。注意した先輩に言い訳したくなる自分をしっかりと押さえ込んで、その**注意された部分を直すことに意識を向ける**ことが大事です。それが、だんだんわかってきたのです。

デキる職員は、最初からデキる人だったと思い込んでいる人が少なくありませんが、

そうではありません。能力の差などわずかなもので、それ以上に叱られ上手なのです。叱られたことを上手に活かして、同じ轍は踏まない。だからこそ、上手くいった経験だけでなく、**失敗した経験をもすべて糧にして、人よりも倍以上のスピードで成長していくことができる**のです。

非常に優れた人は、1から10を知ることができるでしょう。しかし、私のような普通の人間は、1から1を知ることしかできません。けれど、確実にその1を知ることができれば、10年では非常に大きな差となります。特に、叱られても、言い訳したり腹を立てたりせずに、注意されたことを直すことに集中する心の働きは、叱られたことに正面から向き合い続ける中でしか身につかないことを知っておいてください。

錆びない自分のつくり方

叱ってもらえるうちが華。叱られたら天の声と思い、素直に受け止めよう。

03

健康であれ、教養を磨け

トップリーダーたちは「超」健康

▼市長の休暇は年に数日

トップリーダーたちは、「超」がつくほど健康なものです。

私の勤める自治体のI前市長は、年末年始とお盆の頃と、年に数日しか休みませんでした。雨や雪の日も、コートも着ずに自宅から歩いて出勤し、声には張りがあり、いつも快活に挨拶をされていました。深夜に及んだ市議会、組合との団体交渉の翌朝でも普段どおりでした。

市の幹部たる部長たちも、非常に健康的で、タフな方ばかり。だからこそ、激務に耐えられるのでしょう。中年太りとなってしまった私とは大違いです。

「体が資本」とよく言われますが、**若いうちから健康を保つための習慣を持ちましょう。**私のように、一度太ってしまうと、痩せるのもなかなか大変です。家系でもあるのですが、高血圧にもなってしまいました。若い頃は太っていなかったのですから、学生時代にやっていたバスケットボールを続けるなどして体型を保てていればと思いますが、後悔先に立たず。減量と運動を心がけてはいますが、苦戦しています。

若いうちから健康づくりの習慣を持てれば、こんな後悔はしなくて済みます。暴飲暴食はせず、適度な運動を欠かさず、よく眠るようにしてください。昼休みに卓球やジョギングをしたり、快眠のために自分に合った枕を選んだりと、健康に留意している人はいろいろと工夫しています。

逆に、食欲が落ちたり、体が痛んだり疲れやすくなったり、よく眠れなくなったりしたときは、軽く考えずに対処してください。放っておいて、後年悩まされることになる人は少なくありません。

▼無教養では、いずれ相手にされなくなる

公務員10年目を過ぎると、多くの人は肩書きも付いて、組織の要として中核的な仕事を担うようになります。すると、自治体の上層部、他の自治体の職員、地域の関係者との接点が強まるものです。そのとき、あまりに無教養だと相手にされません。

何か1つの分野でいいので、教養を磨いておくことをおすすめします。文学でも、音楽でも、絵画でも、自分が興味を持てる分野で構いません。私の場合は、大学・大学院で学んだ歴史ですが、好きで飲んでいるワインの話なども、引き合いがあります。ただ、自分の教養を高め、ちょっと文化の薫りがする会話が楽しめるようになるためのものですから、マニアックではいけません。また、話題となったときには、**自慢話っぽくならないよう、控えめに話す**ように心がけておきましょう。

健康・教養と言われてもピンと来ないかもしれません。それでもあえて、ここで書くことにしたのは、身につくのには時間がかかるからです。自分磨きの習慣を1つ持ちましょう。自戒を込めたアドバイスです。

錆びない自分のつくり方

食事・運動・睡眠の質に注意を払おう。興味を持てる分野の教養を磨いておこう。

04

家族・友人と過ごす時間を持つ

時は待ってくれない

▼いつでも会えると思っていたばかりに

20代・30代は、仕事もプライベートも忙しい時期。

結婚したり、子どもが生まれたりと、ライフイベントが重なり、気がつけば、父母兄弟や親戚・友人と過ごす時間が減ってしまいがちです。皆さんは、恋人やごく親しい友人だけでなく、家族や幅広い友人と楽しく過ごす時間を持てていますか？

企画政策課で多忙を極めていたとき、認知症で施設に入っていた父が急死しました。自分では仕事が忙しくて、月1回会いに行くのが精一杯だと思っていましたが、もっと会いに行って親孝行もしておきたかった。そう思うのですが、どうしようもありません。いつでも会えると甘えていたのです。

親を旅行に連れて行ってあげようと思っても、それは親が元気なうちの話です。「あのとき、もっと会いに行けばよかった」「○○をしておけばよかった」と、歳をとってから後悔している人は少なくありません。

大切な家族・友人と過ごす時間を、定期的に持つようにしてください。特に若いうちは、家族との関係は意識的につくりましょう。それが、将来、自分の結婚を心から祝ってもらい、子育てを助けてもらいたいと思うようなときの、欠かせぬ基礎ともなります。

▼情緒が不安定かもと思ったら

家族・友人というのは、本当にありがたいものです。しばらく会っていなくても、すぐに昔のように話せる、親しめる。そういう関係は他にはありません。仕事でつながっているわけではなくて、もっと心の奥深いところでつながっている、そんな感覚です。

公務員の人間関係は、狭くて濃いものになりがちです。どうしても、その狭い中で一喜一憂することになります。そこから逃げても居心地が悪くなるだけですが、だからと言って、**仕事の人間関係だけで自分の毎日を染めてしまってはいけません。**

メンタルヘルスの問題で、退職したり、心身を損なったりする公務員が年々増えています。その原因の中で一番大きなものは、職場の人間関係です。ときには厳しいものにもなる職場の人間関係に強い人たちは、**家族・友人といった大切な人とのひとときを、とても大事にしている**ものです。

そうした人は、たとえ仕事で一時的に自信を失うようなことがあっても、自分の情緒バランスを失うようなことはありません。情緒は、自分に居場所がある、自分は必要とされているという感覚に根ざすものだからです。職場で、そういう感覚をあまり持てない瞬間があったとしても、家族・友人がいれば、それだけに左右されません。

そして、それが、職場の人間関係を立て直していく余裕となります。

錆びない自分のつくり方

家族・友人と過ごす時間を意識的・定期的に持つ。大切な人とのひとときが、自分の情緒バランスを保つ。

05

地域活動のススメ

「市民」として多彩であれ

▼地域活動は、とても楽しい!

「最初は、○○さんにだまされたんだよ」

地域活動に参加する市民の方たちにきっかけを聞くと、こんな答えが帰ってくることがよくあります。私も「だまされた」クチです。入所してすぐに、お世話になっている職場の先輩に頼まれて、当日限りのお手伝いとして、麻薬・危険ドラッグ等の薬物乱用防止の活動に参加したのですが、いつの間にかメンバーになっていました。

しかし、「だまされた」と言いながら、みんな笑顔で楽しそうです。遊びではありませんから、いろいろ大変なことはあります。けれど、別に食べていくための仕事でも、強制でもありません。みんな、楽しさや充実感を感じるから、続けているのです。

実際、地域を支えている自助・共助・公助では、**自治体等が担う公助よりも、共助**

の方が領域としても活動量としても大きいものです。その姿は、市役所の窓からだけではわからないものです。

使命感に燃える人、そんな仲間の力になろうとする人、そういう人たちが出会い、担う地域活動は、公務員とは違う活気に満ちています。ぜひ覗いてみてください。

▼地域活動に参加するには？

地域活動はさまざまであり、参加する場合は、その活動目的ばかりでなく、**場の雰囲気やメンバーが自分に合ったものかどうか**も大事な要素です。

仲間から誘われたときが縁なのですが、最初は、自分がお客として参加してみて楽しかったイベントの当日スタッフとして手伝うことから参加するのがいいと思います。どの活動でも若い力を求めていて、また、事務能力のある人材が不足しがちですから、手伝いたいと言えば、喜んで受け入れてもらえるでしょう。

機会があれば、事務局をやってみることをおすすめします。事務局を経験すると、団体の成り立ち、資金の調達、人集め、事業の組み立て等を知ることができます。逆にいえば、代表者か事務局をやらなければ、活動の全体像はわかりません。

地域の世界は、多層・多重に重なりあっています。キーマンたちはつながっていて、ネットワークやサロンを持っています。いろいろな団体のメンバーであったり、いろいろな形でいくつもの事業に関わっている人が少なくありません。私も、事務局をやっているものから当日の駐輪場整理係まで、関わり方はそれぞれですが、参加している活動は8つぐらいあります。

市民の活躍を支える私たち公務員こそ、市民として多彩であれ。町会・自治会、PTA、消防団等から、イベントの実行委員会やNPOまでさまざまな団体・場があります。ぜひ自分に合った地域活動を見つけ、参加し、つくってください。生活者として、地域活動の担い手として、そして、公務員として。地域が3倍楽しくなります！

錆びない自分のつくり方

イベントの当日スタッフから地域活動を始めてみる。事務局をやって初めて、本当に地域活動が見えるようになる。

06

まずは、しっかりと汗を流す

上杉鷹山に学ぶ仕事の極意

▼上杉鷹山「働き一両」

こんな言葉をご存知でしょうか？

働き一両　考え五両
知恵借り拾両　骨《コツ》知り五十両
閃き百両　人知り三百両　歴史に学ぶ五百両
見切り千両　無欲萬両

米沢藩の藩主で名君とされる上杉鷹山の言葉です。仕事の価値というものを明確に示してくれる名言だと思います。

この言葉を聞いて、汗を流して働くだけでは能がないという意味だと思った人がいました。そうではありません。しっかり汗をかいて働く中で、知恵も出る。そして、人からも信頼されるのです。松下幸之助さんも、「まず汗を出せ。汗の中から知恵を出せ」と言ったそうです。

まず、しっかり汗を流して働くこと。仲間として認めてもらうためには、特に必要なことです。

▼めざすは「人知り三百両」

まず、しっかりと汗を流して働く。その上で、より価値のある働き方をめざしていきましょう。

ただ闇雲に働くだけでなく、正しい考えを持つこと。自分でイチから考えるのではなく、賢い人から知恵を借りること。係長・課長となっても、業務のすべてに精通することなどできません。詳しい人から教えてもらう、知恵を借りることは、大きな過ちなく仕事を進めていくために、絶対に必要なことです。

コツを体得できるかは、仕事の能力そのものです。茶道・武道などには、「下達（げたつ）」「上達」と言う言葉があるそうですが、「下達」とは、枝葉末節はわかるが、根本的なレベルアップができていないこと。コツをつかむことで「上達」し、レベルアップできます。ここまでは、仕事でいつも意識するべきレベルです。

そのレベルを超えて、私たちがめざす必要があるのは、「人知り三百両」です。元横浜市職員の故・田村明法政大学名誉教授は、**「今後の公務員には、プランナー・プロデューサー・コーディネーターとしての能力が求められる」**と言いました。それぞれの分野で活躍する人のことを知り、人というものの機微を知って活かすことができる。それが今後の公務員には求められると思っています。

歴史に学ぶ、見切り、無欲。まだまだ先があります。しかし、公務員としては、まずはしっかりと汗を流して働き、コツをつかみ、人を知ることができるように心がけていきましょう。

錆びない自分のつくり方

しっかり汗を流す人が信頼される。コツをつかみ、人を知ることができるように心がけよう。

07

出ない杭は腐る

仕事を語れるプロになれ

▼「出る杭は打たれる」より、ずっと怖い風土病

「出る杭は打たれる」という言葉を聞いたことがあるでしょうか?

公務員の場合、目立つ人は叩かれるから出過ぎないほうがよいという処世訓として、浸透しています。

一方、こんな言葉もあります。「出る杭になれ。出ない杭は土の中で腐る」(吉越浩一郎さん)、「出る杭は打たれるが、出過ぎた杭は打たれない」(松下幸之助さん)です。結局、出ない杭は腐ってしまう。ならば、もう打たれないところまで出て行くしかない。お二人の言葉に接して、そうだということに気づきました。

実際、**公務員にとって最も怖い風土病は「出ない杭は腐る」**です。最初はとても意欲的だった新人が、半年もすれば目の輝きが失せ、1年後には「普通の職員」になっ

てしまったというのは、多くの自治体の人事・人材育成担当者の悩みです。「腐る」理由にはいろいろありますが、結局、「ぬるま湯」な職場風土にどっぷり浸かってしまったということです。そこは居心地よく、感覚を麻痺させる危険な場所です。「出過ぎる」こと、つまり、自分の強み、キャラクターが認知されるまで至ってもいないのに叩かれないとしたら、それはとても危険な状態であるといえます。

なお、「出過ぎた杭は引き抜かれる」という言葉もあります。もう叩かれこそしないが、ある日突然、まったく違う分野へ飛ばされるということもあるようです。

やはり、慢心せず、地道に汗を流すことが、とても大切だと思います。

▼できるだけ、叩かれずに「出る」方法

とはいえ、誰もが叩かれるのは嫌なもの。

できるだけ、叩かれずに「出る」にはどうしたらいいでしょうか？

私なりの答えは、これまでこの本に書いてきたことです。公務員の仕事のスキルを身につけ、タテ・ヨコ・ナナメの人間関係を大事にし、地域活動や勉強会といった職場の「外」の接点を持つ。それが、どっぷり職場だけに浸って「タコ壺」に入り、「腐る」

ことを防ぐ処方箋でもあります。

自治体は慢性的な人材不足ですから、上層部は人材を求めています。市のため、市民のため、自治体のために頑張っていることが伝われば、必ず助け、見守ってくれる人がいます。実は、多くの人が恐れるほど叩かれず、むしろ味方が見つかるものです。

▼10年後に、自分の仕事を語れるようになろう！

公務員として、プロとして、長く働くというのはどういうことでしょうか。

これだけ行政課題が山積する中、かつての多くの職員のように「大過なく過ごす」だけでは、どうしようもありません。今後は厳しいものになります。

プロであるということは、高いレベルの仕事をコンスタントに実施できるということだと思いますが、まずは、誇れる自分の仕事を1つやり遂げましょう。具体的には、「〇〇は、自分(たち)がやった仕事だ」というものを持つことです。Step4「⑩『2か月で覚えろ、3年先を見据えろ』」を実践し、**3年先の展望を持って仕事を進めるようになってくると、少しずつでも成果を出し、実績を残せるようになる**ものです。

公務員の成果とは、市民ニーズの充足を「最少の経費で最大の効果」(地方自治法

第2条第14項）でどれだけ実現したかです。先進事例を知り、その効果を数値でも説明できなければなりません。私の場合は、国保税の収納率向上、長期総合計画の市民参加と数値目標設定等でしょうか。どれも、メンバーに恵まれたからこそできたことです。

「若いときは勝つつもりで戦え、中年以降は負けぬように戦え」と武田信玄は言ったといいます。責任が重くなってからは、失敗はできません。だからこそ、若いうちに、一流の仕事をしようという意識を持って取り組み、実績を積み上げてください。いずれその成果を、研修等で講師として話したり、文章にして関係誌に投稿したりしてみてください。それが続く若手の道しるべとなります。

錆びない自分のつくり方

「出ない杭は腐る」こそ、最も恐れるべき公務員の風土病。「自分たちがやった仕事だ」と語れるものを積み上げよう。

08

2人に1人が係長級となる

3つのキャリア、3つの壁

▼そのときまでに、自分の進むべきキャリアを考えよう

定年までに、同期の中で係長級以上になるのは、何人だと思いますか？

タイトルが答えになっているのでバレバレですが、私の勤める自治体の場合、おおむね2人に1人程度です。民間に比べると、かなり多い印象でしょうか。

公務員のキャリアは、大きく3つに分けられます。①マネージャー、②スペシャリスト、③スタッフです。私の勤める自治体では、①は係長・課長・部長、②は専任主査（係長級）、③は主事・主任として処遇され、主任・係長・専任主査について昇任試験があります。なお、「2人に1人が係長級になる」とは、①②の合計です。

3つのキャリアは役割の違いであって、どれがいいかは、その人の適性・能力及びワーク・ライフ・バランスに対する考え方によります。ただ、一定の役職者を揃える

ことは、組織運営上も必要なことなのです。自分はスタッフで通すつもりだったのに、係長職昇任試験を受けるように、上司などから迫られることになる人もいます。**受験資格を手にしてから深く考えず受験してポストに就くと、実際には、苦労する場合が多い**ものです。マネージャーとして求められる能力はスタッフとは大きく異なり、身につけるためには長年の努力が必要であるためです。また、出産・育児・介護等のライフイベントとも重なりがちです。

受験資格が与えられるころまでに、自分の進むべきキャリアを考えておきましょう。そして、そのために必要な準備・努力を始めておくことです。特に、家事・出産・育児・介護の負担が偏りがちな女性には、早めの選択・準備をおすすめします。そして、パートナーに役割分担を求めましょう(協力ではありません。対等の分担です)。

▼多くの公務員がぶつかる3つの壁

公務員のキャリアの壁として、多くの職員がぶつかるのは、「若手」「中堅」「マネージャー」の壁です。特に、マネージャーの壁は高く、試験に合格して管理職・係長職となったものの、壁にぶつかって心身を損ない、降格する人も出ています。

試験勉強もラクではありませんが、本当の壁はなった後にあります。とはいえ、3つの壁もその中身を理解して、必要な努力をしていれば、恐れることはありません。

「若手の壁」は、新人から若手になる3～5年目がぶつかる壁です。ポイントは、通常業務を任せられるようになるかです。Step1～3の基礎を身につけていれば、たとえ失敗があってもそこから教訓を得て、早い遅いはあっても大丈夫なはずです。

「中堅の壁」は、若手から中堅となる10年目前後の壁です。ポイントは、経験を要する困難な業務を任せられるようになるかです。特に、新規事業の立上げや既存事業の見直し、3部署以上の多角的調整力が問われることが多いです。個人としての事務処理能力を前提に、他の職員等と連携して仕事を進めることができるかが鍵です。それまでに培ってきた知識・技術・人脈が問われているともいえます。

そして、**「マネージャーの壁」**。これは、係長・管理職は、個人としての処理能力以上に、マネジメント能力、つまり、チームで成果を出せるかが問われることに伴うものです。野球でたとえれば、係長はキャプテン、課長は監督です。各選手を活かし、チームを勝利に向けてまとめることが本分です。必ずしもエースピッチャーや4番バッターである必要はありません。ここを間違えて、個人としての処理能力で成果を出そうとして、1人で遅くまで頑張って体を壊してしまう人がいます。

この3つの壁は、求められる能力の大きな変化によるものです。まずは、「若手の壁」を乗り越えてください。本書は、その役に立つと思います。「中堅の壁」「マネージャーの壁」を乗り越える基礎も、若手のうちに育まれるものです。Step4・5は、その役に立つものをまとめました。壁にぶつかったら読み直してみてください。

なお、スペシャリストとなるには、また別の壁があります。もちろん、第一人者としての専門能力が不可欠ですが、実は、①職人気質、②フォロワーシップが重要です。地道に技を磨く①がなければ遠からずその知識・技術は時代遅れになり、②がなければチームの役に立っていないとみなされ、いずれ他部署に飛ばされることになります。

本書を活用・実践して、ぜひ「3つの壁」をふわりと乗り越えてください。

錆びない自分のつくり方

早いうちからキャリアを意識する。まずは「若手の壁」を超えよう。

09

定年まで異動・勉強

異動のたびにリセットする人、信頼を積み上げる人

▼人事異動の楽しさと苦しさ

「○○さんは、○○課へ異動だって」
「○○さんが昇進したらしい！」
「異動したくなかったのに残念」

4月1日の人事異動発令と、それに先立つ内示。その日は、庁内が沸き立ちます。こうした異動を、定年まで繰り返していくのが公務員です。「いろいろな職場・分野で働けるのがいい」と言う新人が毎年います。その意欲は素晴らしい。ただ、私のように40代も半ばとなると、異動は楽しみですが、苦しいものにもなってきます。

人事異動すると、新たな仕事と人との出会いが待っています。それによって、マンネリを防ぎ、公務員の能力開発を促すというのが、公務員特有ともいうべき、分野を

またがった頻繁な異動でしょう。

一方で、40代・50代になって体力と記憶力が衰えてきても、また新しい仕事を覚え続けなければいけません。それは、大変なことであることも知っておいてください。

▼異動のたびにレベルアップする人の共通点

公務員は、ほぼその全員が異動を繰り返しますが、①異動しているだけの人、②異動する中でレベルアップする人の2種類に分かれます。

前者は、異動のたびに仕事をリセットしています。異動のたびにゼロから学び直し、というと聞こえがいいですが、要するにいつまで経っても新人に毛の生えた程度で、中堅らしくなりません。後者は、1つひとつの仕事・職場で実務経験を積み、関係者の信頼を得ている人です。だから、**異動するたびに、能力も人脈も、深く広い豊かなものになっていきます。**

両者の違いは、2つあります。第一は、目的意識の差。やればできる「作業」をその場その場でこなしていただけか、問題を解決する「仕事」を重ねてきたかの違いです。Step2「02 必ず根拠と目的を押さえる」の『3人のレンガ職人』の差です。

第二には、勉強の差です。質・量ともに、「リセットする人」とは大きな違いがあるものです。年齢を重ねるにつれて、体力・記憶力は衰えていきます。しかし、錆びない人たちは、勉強家が揃っています。業務を掘り下げ、本を読み、人と会う習慣を持ち、確実に蓄積します。頭の中に叩き込めるよう、メモやノートも工夫しています。

▼積み上げた信頼こそが公務員の武器

私が尊敬するOBのYさんは、仰います。「目的意識を高く持ち、地道に努力する。そして、出会う人との縁を大事にする。すると、ピンチがチャンスになるもんさ」と。

正直、若いころの私には、その意味がわかりませんでした。当たり前のことを言っているなぐらいの受け止め方でした。けれども、30代中盤から身に染みました。**当たり前のことが、どれだけ身についているか、そのための活きた努力がすべてだ、**と。

多少頭がよくても、知識・スキルがあっても、新人の差は小さなものです。若手のうちは、仕事が速くて正確ならば「デキる」と思われがちですが、それだけでは「中堅の壁」は超えられません。まして、人を使う・活かす「マネージャーの壁」は、さらに高く険しいものです。

国保税徴収担当のときにお世話になったT主任は、退職後、ある組織に出向しています。ご本人は、退職後はスッパリと仕事をやめるつもりだったそうですが、市役所内からも、地域の関係者からも「Tさんでなければ！」と請われ、仕事を続けています。Tさんは、特に力むところなく、すべきことをサラサラと行う方です。「円滑」ということは、Tさんの仕事ぶりを指すと私は思ったものでしたが、そんな仕事ぶりは、やはり多くの関係者の信頼を得ています。

公務員は、長い人との関わりの中で仕事をする職業です。ときには、異動する中で自分の苦手とする仕事に従事することもあるでしょう。そのときも、なすべきことをしっかりとやる。それによって、信頼が積み上げられ、道が拓けます。

錆びない自分のつくり方

異動による経験を着実に積み上げ、努力を怠らない。1つひとつの仕事で、内外の関係者の信頼を積み上げよう。

［新人職員からのよくある質問⑤］

人事異動と希望部署

Question

希望部署に異動するにはどうすればよいでしょうか？

Advice

毎年、多くの若手から聞かれる質問です。正直に言うと、私もまだわかりません。希望部署の教育部門には、まだ行けていないからです。

ただ、3つわかることがあります。第1は、希望部署はきちんと調査に書くべきだということ。第2は、希望部署を意識している人のほうが希望は叶いやすいということ。第3は、早く希望部署に行くのがいいとは限らないということです。

正式な希望表明の書類は調査のみですから、書かなければ上司・人事にはわかりません。希望部署を意識していると、その部署の関係情報が目に留まるようになります。「カラー・バス」という効果ですが、その分、求められる知識・技術が身につきやすくなります。異動時期は、早い遅いより、希望する業務を担う実力が身についている時期かが大事です。中途半端な状態では、不本意な結果になり、その職場は不向きと判断され、他部署に異動になる場合もあるからです。

「計画的偶発性理論」という考え方があります。キャリアは、目標から逆算して一直線に築くものではなく、多くの場合、偶然もたらされる変化の中で、自分なりに頑張ることで形作られるというものです。特に若手の場合、自分が思う適性がすべてではなく、もっと多くの可能性があるものです。目標を持ちつつ、柔軟に。今の仕事を掘り下げて、「自分なり」の幅を広げてください。上司も、人事も、そこを見ています。

おわりに　「信頼される公務員」をめざそう

「3年、頑張り続けたら認めてやるよ」

そう言われたときは、頭をガツンとなぐられたような衝撃を受けました。市役所に入所して半年、市民活動団体の会議でのことです。

自分なりには、仕事も少しずつこなせるようになり、こうやって市民活動にも参加して、頑張っているつもりでした。けれど、今ではその言葉の意味と重さがわかります。**新人の熱い気持ちを、3年持ち続けて頑張り続けられる人は少ない**からです。

まさに、「継続は力なり」です。皆さんは、この本を読んで、どのような感想を持ったでしょうか。「かなり難しい感じ」でしょうか、それとも、「当たり前のことばかり」でしょうか。この本に書いてあることの1つひとつは、「何だ、そんなことか」というものばかりだと思います。けれど、それを「できる」か、さらに「身につける」ことができているか。そこに、皆さんと自治体の未来がかかっています。私は当初、その難しさがわかりませんでした。それがわかる皆さんは将来有望だと思います。

頑張った報いは、必ずあります。

なぜなら現在、どこの自治体でも仕事は増える一方で、人員は減っていて、どの職場でも深刻な人材不足だからです。いきいきと仕事して周囲から信頼される職員は、のどから手が出るほど欲しい人材です。上司も人事も放ってはおきません。

手応えある仕事が次第に回されてくるでしょう。最初は大変かもしれませんが、そのお陰で、早くいい経験を積むことができます。そこから学んで、さらに自分の引き出しを増やしていく。**急成長のスパイラルに乗って一歩も二歩も先に行く**ことができます。この回転を速くしておくことが、20代のテーマであり、特権だと思うのです。

こう書くと、私は仕事一辺倒の人間で、とてもついてはいけないと思われるかもしれません。確かに、私は仕事が大好きです。けれど、怠け者で残業は嫌いだし、子育ても、地域活動も、趣味も楽しむ1人の人間です。皆さんに、多くの先輩・後輩から聞いたことをもとに、この本をまとめたのは、こういう仕事の仕方がゆとりにつながるからです。

仕事は逃げても、決してラクにはなりません。むしろ、状況はどんどん悪くなるものです。しかし、目的意識を高く持って、地道に努力を続けていけば、確実にスキルアップし、信頼も得られていきます。長時間残業やプライベートを犠牲にした努力は必要ありません。**主体的に自分のキャリアをつくっていけば、それが未来を拓きます。**

私は、市内に在住していますので、あまり公私は分けられません。もちろん、公務員としてのケジメはつけますが、仕事と地域での出会いは重なり、仕事、遊び、活動と、輪が広く深くなる日々です。お陰で、5歳の息子を構ってくださる方も増えて、家族で楽しく暮らしています。こういう暮らしは、公務員だからこそだと思うのです。

皆さんが、「1年目からの努力」により、急成長のスパイラルに乗って、手応えのある仕事と、公私の充実とゆとりを手にすることができますように。どこかで私を見かけることがありましたら、ぜひお声がけください。そして、どんな仕事をしているのか、そのかけがえのないご経験を、教えていただきたいと思っています。

最後に、この本を出すにあたって多くの知恵を出してくださった株式会社学陽書房の村上広大さん、機会をくださった天野巡一先生、メンターとして尊敬する加藤良重先生・藤田さん・芳須さん・松永さん・工藤さん、ライバル（?）である同期の吉本さん・福井さん・早坂さん、そして、いつも支えてくれる家族に、感謝を捧げます。

2016年3月

堤　直規

入社1年目の教科書

岩瀬大輔著／ダイヤモンド社

仕事における３つの原則、50のルールが事例を交えてわかりやすく解説されています。１年目にはレベルが高いと思う部分、公務員とは少し違うかなと思う部分もありますが、社会が入社１年目に求める基準は、ここにあります。

７つの習慣

スティーブン・R・コヴィー著／キングベアー出版

「インサイド・アウト」「相互依存」の考え方に基づく、成功の原則とそのための７つの習慣。主体的に自分の人生を生きたい、すべての人におすすめの本です。

世界一やさしい問題解決の授業

渡辺健介著／ダイヤモンド社

「考え抜く技術」をこれ以上なくわかりやすく解説した名著。続編『自分の答えのつくりかた』（ダイヤモンド社）も、ぜひ読んでください。

市民自治の憲法理論

松下圭一著／岩波新書

地方自治にとって歴史的な一冊。市民自治による市民自由・市民福祉をめざすために。最初に読んだときの感激は忘れられません。私たち公務員の原点となる一冊です。

県庁おもてなし課

有川浩著／角川文庫

爽やかな公務員の成長・恋愛ストーリー。公務員の実態にかなり近いと思います。現在の公務員を描いた作品としては、映画『生きる』『柳川堀割物語』に並ぶ作品だと思います。

ブックガイド１　公務員におすすめの書籍

ここでは、私自身が読んで、役に立った書籍を紹介します。
新人職員はもちろん、中堅・ベテラン職員にも参考になると思います。

残業ゼロで結果を出す 公務員の仕事のルール

秋田将人著／学陽書房

公務員必読の本！　段取り、効率化、チーム力からメンタル、組織との付き合い方まで、具体的なアドバイスが満載です。この本があの頃にあったら助かったのにと思った本でした。秋田さんの本では、『見やすい！伝わる！公務員の文書・資料のつくり方』（学陽書房）もおすすめです。

法令読解の基礎知識〈第1次改訂版〉

長野秀幸著／学陽書房

法令・条文の読み方を学ぶ入門書の決定版。法令・条文の構造や体系、法令用語、読み解くポイントがわかりやすく解説されています。公務員の仕事はすべて根拠法令があり、例規の改正に携わることもあります。繰り返し読み込んで自分のものにしてください。

地域公務員になろう 今日からあなたも地域デビュー！

公益財団法人日本都市センター編／ぎょうせい

地域とつながる「地域公務員」のススメと20人の体験談。地域で働くことこそ公務員の醍醐味だと、私も活動を続ける中で日々実感しています。ぜひ皆さんも「地域公務員」をめざして！

ブックガイド2　公務員におすすめの雑誌

最新の先進事例を学ぶには、雑誌が一番です。
困ったとき、調べたいときの情報源として知っておくと、いつか役に立ちます。

季刊『D-file』

イマジン出版

年22回発行の自治体関係記事の切り抜き。私たちの仕事のいまを知るのに最適な情報源です。市長室・政策関係部署等が定期購読している場合が多いです。

月刊『ガバナンス』

ぎょうせい

地方自治の動向や先進的な取組みの記事が満載。トレンドを知るのに役立ちます。『D-File』と併読すると得るところが大です。行革関係部署等が定期購読している場合が多いです。

著者紹介

堤　直規（つつみ・なおただ）

東京都小金井市子ども家庭部長。キャリアコンサルタント（国家資格）。東京学芸大学教育学部卒業、同大学院社会教育学専攻修了。東京学芸大学教育実践総合センター（当時）の技術補佐員（教育工学）を経て、2001年に小金井市役所に入所。行政管理課情報システム係、保険年金課、企画政策課、納税課長、行政経営担当課長、新型コロナウイルス感染症対策担当課長、企画政策課長、保育政策担当課長を経て、現職。東京都市町村職員研修所「政策提案」研修内部講師。著書に『公務員の「異動」の教科書』『公務員の「出世」の作法』（ともに学陽書房）、『公務員ホンネの仕事術』（時事通信社）、『教える自分もグンと伸びる！公務員の新人・若手育成の心得』（公職研）がある。その他執筆に、「収納率Ｖ字回復をめざす〜小金井市納税課の挑戦〜」（共著、『税務レポート』2015年秋季号、東京税務協会）、連載に「キャリアを拓く！公務員人生七転び八起き」（『ガバナンス』2022年4月号〜、ぎょうせい）などがある。

（メール）tsutsunao@gmail.com

公務員１年目の教科書

2016年４月21日　初版発行
2025年１月23日　12刷発行

著　者　堤《つつみ》　直規《なおただ》
発行者　佐久間重嘉
発行所　学 陽 書 房
〒102-0072　東京都千代田区飯田橋1-9-3
営業部／電話　03-3261-1111　FAX　03-5211-3300
編集部／電話　03-3261-1112　FAX　03-5211-3301
http://www.gakuyo.co.jp/

装幀・本文デザイン／スタジオダンク
DTP制作／ニシ工芸　印刷・製本／三省堂印刷

ISBN 978-4-313-15084-3 C0034